COLLECTION DE L...

118 Huet
193 ...Rem...
358 Ingres
555 Prudhon

ESTAMPES ANCIENNES

AVRIL 1898

Mᵉ MAURICE DELESTRE
Commissaire-Priseur
5, RUE SAINT-GEORGES, 5

M. A. DANLOS
Marchand d'Estampes
15, QUAI VOLTAIRE, 15

CATALOGUE

DES

PORTRAITS

GRAVÉS

DE TOUTES LES ÉCOLES

ŒUVRES

DE

DREVET, ÉDELINCK, L. GAULTIER, M. LASNE, TH. DE LEU

MASSON, MORIN, NANTEUIL, VAN SCHUPPEN, ETC.

TRÈS IMPORTANTE SÉRIE DE PORTRAITS

CONCERNANT L'HISTOIRE DE FRANCE DU XVIᵉ AU XIXᵉ SIÈCLE

PARMI LAQUELLE ON REMARQUE CELLE DU

CONSULAT ET DE L'EMPIRE

PORTRAITS CLASSÉS PAR CATÉGORIES

PEINTRES, SCULPTEURS,

GRAVEURS, MUSICIENS, POËTES, LITTÉRATEURS, SAVANTS, MÉDECINS, Etc.

COMPOSANT LA

TRÈS BELLE COLLECTION DE FEU M. DE L...

DONT LA VENTE AUX ENCHÈRES PUBLIQUES AURA LIEU

Hôtel des Commissaires-Priseurs, rue Drouot, nº 5

SALLE Nº 10

Du Lundi 25 au Samedi 30 Avril 1898

A 2 HEURES TRÈS PRÉCISES

Par le ministère de Mᵉ **MAURICE DELESTRE**, commissaire-priseur

5, RUE SAINT-GEORGES

Assisté de M. **A. DANLOS**, marchand d'estampes

15, QUAI VOLTAIRE

CONDITIONS DE LA VENTE

Elle sera faite au comptant.

Les acquéreurs paieront cinq pour cent en plus des enchères applicables aux frais.

M. A. Danlos, chargé de la direction de la vente, se réserve la faculté de rassembler ou de diviser les lots.

ORDRE DES VACATIONS

Lundi 25 avril..	N°s 1 à 257
Mardi 26 avril..	258 à 390
— —	881 à 1009
Mercredi 27 avril.	391 à 549
— —	1010 à 1114
Jeudi 28 avril.	550 à 673
— —	1115 à 1239.*bis*
Vendredi 29 avril..	674 à 799
— —	1240 à 1356
Samedi 30 avril.	800 à 880
— —	1357 à fin.

PORTRAITS

CLASSÉS PAR GRAVEURS

ALDEGREVER (H.).

1. **Martin Luther**. (B. 104.)

   Très belle épreuve. Remargée.

ALIX (P.-M.)

2. **Baptiste aîné**, de la Comédie-Française, dans le rôle de Robert, chef de brigands, médaillon ovale in-4.

   Très belle épreuve imprimée en couleur.

3. **Dubus-Preville** (P.-L.), de la Comédie-Française, médaillon ovale reposant sur un cartouche où il est représenté dans trois rôles différents. In-4.

   Très belle épreuve imprimée en couleur.

4. **Charnois** (S. Ch. Le Vacher de), écrivain théâtral, massacré à l'Abbaye dans les Journées de Septembre, d'après Violet. In-4.

   Très belle épreuve imprimée en couleur.

5. **Montesquieu. — J.-J. Rousseau**. Deux portraits in-fol.

   Très belles épreuves imprimées en couleur, la première pièce est avant la lettre.

6. **Siévekins** (G. H.), citoyen américain. In-4.

   Très belle épreuve imprimée en couleur. Très rare.

AMMAN (J.).

7. **Coligny** (Gaspard de), amiral de France, dans un cartouche entouré de figures allégoriques et en dessous duquel est représentée la scène de sa mort (B. 17). In-fol.

   Très belle épreuve.

— —

ANONYME.

8. **Anne d'Autriche**, Reine Régente de France, ayant à ses côtés Louis XIV et Philippe de France enfants. Au fond la vue de la bataille de Rocroy.

> Ancienne et très belle épreuve.

ANSELIN (J.-L.).

9. **Pompadour** (Mᵐᵉ la Marquise de). en Belle Jardinière, d'après C. Vanloo. In-4.

> Très belle épreuve avec marge.

ARNDT (W.).

10. **Matthison**, d'après Tischbein. In-fol.

> Très belle épreuve imprimée en couleur. Marge.

AUDRAN (B.).

11. **Fénelon** (F. de Salignac de la Motte), archevêque, duc de Cambrai, d'après J. Vivien. In-fol.

> Superbe épreuve avant l'adresse de Buldet.

AUDRAN (J.).

12. **Louis XV** enfant, en pied, d'après Gobert. In-fol.

> Très belle épreuve.

AUDRAN (B. ET J.).

13. **P. Bignon**, bibliothécaire du Roi. — **J. Clément**, archevêque électeur de Cologne, épreuve avant la lettre. — Le Maréchal **d'Estrées**. — **Le Goux de la Berchère**, archevêque de Narbonne. — Le Rᵈ Père **Montfaucon**. Cinq portraits in-fol.

> Très belles épreuves.

AUDRAN ET AVELINE.

14. **B. Audran**. — **Chopin**, trésorier du marc d'or. — Statue de Louis XIV érigée à Lyon, place Bellecour. — **Clément Auguste**, prince de Bavière, etc. Douze portraits in-4 et in-fol.

> Très belles épreuves.

BACLER D'ALBE (Par et d'après).

15. **Balma** (J.), dit Mont-Blanc, le premier guide qui soit parvenu au sommet le plus élevé du Mont-Blanc. — **Paccard** (le docteur), son compagnon de voyage. Deux portraits in-4.

> Très belles épreuves en couleur. Rares.

BALÉCHOU (J.-J.).

16. A. Ch. Gauthier de Loiserolles, Mme **Aved**, — **Sa sœur**, tenant
un rouet sur ses genoux. Deux portraits in-fol., gravés d'après
17. — Aved.

> Très belles épreuves.

**17. P. Jolyot de Crébillon. — J.-J. Le Riche de La Popeli-
nière**, fermier général. Deux portraits in-fol., gravés d'après
Aved et Viger.

> Très belles épreuves.

18. Julienne (J. de), tenant dans ses mains le portrait de son ami
Watteau, d'après de Troy. In-fol.

> Très belle épreuve.

19. Réaumur (R.-A. Ferchault de), de l'Académie des Sciences. In-4.
> Superbe épreuve avant toutes lettres. Très rare.

20. Comte de **Brulh. — Neel de Christot**, évêque de Seez. — **Cré-
billon. — Dom Philippe**, infant d'Espagne. — **G. Grillot.
— Ch. Rollin**, directeur de l'Université de Paris. — Le Père
Porée. Huit portraits in-4 et in-fol.

> Très belles épreuves.

BARTOLOZZI (F.).

21. Catherine II, impératrice de Russie, en pied, en grand costume
royal, d'après M. Benedetti, 1783. In-fol.

> Très belle épreuve avec marge.

22. Kauffman (A.), d'après Reynolds. In-fol.

> Très belle épreuve imprimée en bistre. Marge.

23. Marie-Christine, archiduchesse d'Autriche, gouvernante générale des Pays-Bas, d'après Roslin. In-fol.

> Superbe épreuve imprimée en rouge.

24. La Sig^a **Rosalba**, d'après elle-même. Petit médaillon ovale,
gravé au pointillé.

> Très belle épreuve imprimée à la sanguine. Très rare.

BAUSE — CUNÉGO — HAAS.

24 bis. Frédéric le Grand, roi de Prusse. Trois portraits in-fol.,
dont un équestre, gravés d'après Cuningham et Wolf.

> Très belles épreuves.

BAZIN (N.).

25. Barrême (F.), mathématicien. Petit portrait in-8, entouré des
vues d'Amsterdam, d'Anvers, de Francfort, de Londres, de

Hambourg, de Gênes et de Venise, avec le change au pair entre ces villes et Paris ; en regard et sur la même feuille, un tableau donnant le pair ou l'égalité des valeurs étrangères entre elles. Pièce très rare à trouver complète.

Très belle épreuve.

BEAUFRÈRE (P.).

26. **F. de Beauvilliers, duc de Saint-Aignan**, pair de France. Buste presque fort comme nature. Grand in-fol.

Très belle épreuve. Très rare.

BEAUVARLET (J.-J.).

27. **Barry** (Mme la comtesse Du) d'après Drouais. In-fol.

Très belle épreuve avec toute sa marge. Rare de cette qualité.

28. **Catherine**, princesse **Galitzin**. — Le prince **F. de Brunswick**. Deux portraits in-4.

Très belles épreuves. Rares.

29. **R. N. Ch. Augustin de Maupeou**, premier président, en 1763. — Le même **personnage**, étant chancelier et garde des sceaux de France, en 1768. Deux portraits in-fol.

Très belles épreuves.

30. Le Duc de **Bourgogne**. — **Molière**. — Mis de **Montpipeau**, intendant de Tours. — **Baudieri de Laval**, maître à danser des Enfants de France. — **Nollet**, de l'Académie des sciences. Six portraits in-4 et in-fol.

Très belles épreuves.

BEAUVAIS, BEISSON ET AUTRES.

31. **J.-A. Meissonier**, célèbre architecte. — **Marduel**, curé de Saint-Roch. — **Aved**, peintre. — **J. de Caulet**, président au Parlement de Toulouse, etc. Sept portraits in-fol.

Très belles épreuves.

BÉHAM (H.-S.).

32. **Ferdinand Ier** (B. 61).

Belle épreuve.

BELLA (ET. DELLA).

33. **Cantu** (Carlo), bouffon italien en pied, jouant de la mandoline ; au fond la vue du Pont-Neuf et de la place Dauphine. In-4.

Très belle épreuve. Rare.

BERGER (D.).

34. **Sabran** (Mme la Marquise de), d'après Mme Le Brun. In-fol.

Très belle épreuve. Remargée.

BERVIC (Ch.-Cl.).

35. **Senac de Meilhan** (G.), intendant du Hainaut, d'après Duplessis. In-fol.

Très belle épreuve avant la lettre.

36. **C. Linné**, célèbre botaniste — **Sénac de Meilhan**, intendant du Hainault. — **Ch. Gravier**, comte de **Vergennes**, ministre et secrétaire d'État. Trois portraits in-4 et in-fol.

Très belles épreuves.

[BLIN (A Paris, chez).

37. **Anne de Bretagne. — Coligny. — Sully. —** Cte **d'Harcourt. —** M^l **de Belle-Isle. — Berwick. — Louis XVI. — D'Assas.** Huit portraits in-4.

Très belles épreuves imprimées en couleurs; le portrait du comte d'Harcourt est avant la lettre.

BLOEMART (J.).

38. **Favereau** (J.), conseiller en la Cour des aides. In-4.

Deux épreuves, dont l'une, très belle, est avant la lettre.

BLOOTELING (A.).

39. **Catherine de Bragance**, reine d'Angleterre, gravé à la manière noire d'après P. Lely, 1680. In-fol.

Superbe épreuve.

40. **Ch. Huygens. —** L'amiral **Kortenaer. —** L'amiral C. **Tromp.** Trois portraits in-fol.

Très belles épreuves.

41. **Marie**, princesse d'Orange, gravé à la manière noire. In-fol.

Très belle épreuve, la marge, à droite, est rapportée.

42. **Monmouth** (J., duc de), fils naturel de Charles II, d'après P. Lely. In-fol.

Belle épreuve.

43. **Saint François de Salles**, évêque et prince de Genève, d'après P.-P. Rubens.

Superbe épreuve avant la lettre. Très rare.

BOLSWERT (B.).

44. **Élisabeth**, fille de Jacques Ier. — **Frédéric V**, comte palatin du Rhin, son époux. Deux portraits in-fol. en pied, faisant pendants, gravés d'après M. Miereveldt.

Très belles épreuves. [Sans marges.

[BLOT (M.).

45. Monseigneur le **Dauphin** et **Madame**, fille du Roi, enfants de Louis XVI, d'après Mme Le Brun. In-fol.

Très belle épreuve avec une grande marge.

BOULANGER (J.).

46. La Mère **Angélique Arnauld**. — La Mère Jeanne-Marie **Chesard de Matel**. — La Duchesse **de Nemours**. Trois portraits in-4 et in-fol.

Très belles épreuves.

47. **Rantzau** (Josias de), maréchal de France. ——————

Très belle épreuve avant la lettre. Très rare.

48. **Saint Vincent de Paul**. In-fol.

Très belle épreuve.

49. **R. de Cérézier**. — **F. Isidore de Haynin**. — **J. Regnault de Segrais**, premier échevin de Caen. — **F. de Clermont-Tonnerre**, évêque de Noyon. — **H. de Castille**, abbé de Saint-Martin d'Autun. — **D. de Cosnac**, archevêque d'Aix. Six portraits in-4 et in-fol.

Très belles épreuves.

50. **P. Beurrier**, curé de Saint-Étienne-du-Mont. — **L. Barbedor**, écrivain parisien. — **J.-J. Olier**, fondateur du Séminaire de Saint-Sulpice. — **Et. Moreau**, évêque d'Arras. — **Ant. Barberin**, archevêque de Reims. Cinq portraits in-fol.

Très belles épreuves.

BOUYS (A.).

51. **Loison** (Catherine de), veuve de messire P. Le Cornu et maîtresse de Regnard, gravé à la manière noire, d'après F. de Troy, in-fol.

Très belle épreuve avec une grande marge.

BRICEAU (A.).

52. **Vassent** (C[sse]), l'héroïne de Noyon, âgée de 20 ans. Médaillon ovale in-4.

Très belle épreuve imprimée en couleur. Rare.

BROOKSHAW (R.).

53. **Harcourt** (Duc d'), maréchal de France, gouverneur de Normandie, 1776, gravé à la manière noire d'après Allix. In-fol.

> Superbe et très rare épreuve avant la lettre.

54. **Provence** (M^{ie}-J^{ne}-L^{se} de Savoie, comtesse de), en buste, tenant
une rose à la main. Gravé à la manière noire, d'après Drouais,
1771. In-fol.

> Très belle épreuve. Elle est remargée et les armes sont coloriées.

BRUGGEN (J. V. D.).

55. **Van Schuppen** (J.), peintre, gravé à la manière noire d'après
lui-même. In-fol.

> Très belle épreuve.

TH. DE BRY. — VAN DALEN, etc.

55 bis. **Boissard,** — **Cujas.** — **M. Cotignon.** — **La Serre.** —
Maurice de Nassau, etc. Quinze portraits in-8 et in-4.

> Très belles épreuves.

BURGMAIR (H.).

56. Portrait de l'empereur **Maximilien**, armé de toutes pièces et
tourné vers la gauche. (B. 32.)

> Très belle épreuve imprimée en clair-obscur, elle est doublée et en
> mauvaise condition. Excessivement rare.

CARMONA (M.-S.).

57. **Boucher** (François), d'après Roslin le Suédois. In-fol.

> Très belle épreuve. Toute marge.

CARMONTELLE (par et d'après L.-C. DE).

58. **Francklin**, par Née. In-4.

> Très belle épreuve.

59. **Lany** (L^{se}-M^{ne}), pensionnaire du Roi, gravé par Delafosse. In-4.

> Très belle épreuve. Remargée.

60. **Mozart** (La Famille). Léopold Mozart jouant du violon, sa fille
Marguerite, âgée de 11 ans, chantant, et son fils Wolfang,
âgé de 7 ans, le futur auteur de *Don Juan*, jouant du clave-
cin. Gravé par Delafosse. In-fol.

> Très belle épreuve.

61. De Bezenval. — Duc de Chevreuse, deux portraits. — Comte de Dunois. — De Fontenay. — De Meinières. — M. de Montbarré et M. d'Entragues. — De Waldner. Huit portraits in-4 en pied.

Très belles épreuves.

62. Bachaumont. — De Chauvelin. — Gl. Clairault. — Dortous de Mairan. — Trudaine. — Xaupi. — Mᵐᵉ Hérault et Mᵐᵉ de Séchelles. Sept portraits in-4, en pied.

Très belles épreuves.

CARS (L. ᴇᴛ J.-F.)

63. Noailles (Ad. Mᵉᵉ, duc de), maréchal et pair de France. In-fol.

Très belle épreuve. Très rare.

64. Ch. d'Orléans, fils naturel du Régent, archevêque de Cambrai. — **Louis, duc d'Orléans**. Deux portraits in-fol.

Très belles épreuves.

65. M. Anguier, sculpteur. — **S. Bourdon**, peintre. — **F. d'Armenonville**. — **P. D. D'Hozier**. — **E. Lesueur**, peintre. — **Ph. Viry**, comte de Vignory. — **J.-B. Gropel**, comte de Bourgoin. — Prince **de Lambesc**. Huit portraits in-fol.

Très belles épreuves.

66. J. du Cambout, évêque de Tarbes. — **P. H. Taugulay de Ker**vers, évêque de Tréguier. — Cardinal **de Rohan**. — Cardinal de **Polignac**. — **Poncet de La Rivière**, archevêque de Bourges. — **Turgot de Saint-Clair**. Six portraits in-fol.

Très belles épreuves.

CATHELIN (L.-J.)

67. Paris de Montmartel, marquis de Brunoy, fameux financier, en pied, assis dans son cabinet; gravé d'après M. Q. de la Tour. In-fol.

Superbe et rare épreuve avant toutes lettres.

68. La même estampe.

Très belle épreuve avec la lettre.

69. Vernet (J.), peintre de marines, d'après M. Vanloo, 1768. In-fol.

Superbe épreuve avant toutes lettres. Rare.

70. Baléchou, graveur. — Comte **d'Agay**, intendant de Picardie. — **L. Tocqué**, peintre. — **J. Vernet**, peintre. Quatre portraits in-fol.

Très belles épreuves.

CHEREAU (Les).

71. Colbert (Ch. J.), évêque de Montpellier, d'après J. Raoux. In-fol.

> Très belle et rare épreuve avant la lettre.

72. Lorraine (Armand de), évêque de Bayeux, d'après Tournières. In-fol.

> Très belle épreuve avant toutes lettres. Rare.

73. Louise-Marie, princesse de la Grande-Bretagne, d'après A. S. Belle. In-fol.

> Très belle épreuve avec toute sa marge.

74. Jacques III, roi de la Grande-Bretagne. — **Georges**, roi de la Grande-Bretagne. — **Philippe d'Orléans**, régent de France. — **L. Pecour**, compositeur de ballets. — **J. N. Vincenti**, noble vénitien. Six portraits in-4 et in-fol.

> Très belles épreuves.

75. Armand de Lorraine, évêque de Bayeux. — **R. Gassot**, sieur de Deffend, abbé de Clairveaux. Deux portraits in-fol.

> Très belles épreuves avec de grandes marges.

76. Ch. J. Colbert, évêque de Montpellier. — Cardinal **de Polignac**. — **Andoche Pernot**, abbé de Cîteaux. — **G. de Rohan**, évêque de Strasbourg. — **Taffoureau de Fontaine**, évêque d'Alet. — **Renaudot**, de l'Académie française. Six portraits in-fol.

> Tres belles épreuves.

77. Pauyot de Bouillon, procureur général du Parlement de Rouen. — **Sophie Cheron**. — **Pardaillan de Gondrin**, duc d'Antin. — **N. de Launay**, directeur de la Monnaie. — **N. de Largillière**, peintre. — **E. Renaudot**, de l'Académie française. Six portraits in-fol.

> Très belles épreuves.

CHEVILLET (J.).

78. J. B. Siméon Chardin, peintre. — M^le **Siméone Pouget**, sa femme, en pied. Deux portraits in-fol., gravés d'après Chardin.

> Très belles épreuves.

79. J.-J. comte **de Beausolre**, lieutenant général. — **J.-L. Jourdan**. — **M. Lenoir**, lieutenant de Police. Trois portraits in-fol.

> Très belles épreuves.

CHOFFARD (P.-P.).

80. Rossel (A.-L. de), capitaine des vaisseaux des Armées navales de France représenté avec sa fille, d'après François, 1784. In-8.

> Deux épreuves dont l'une, très belle, est avant toutes lettres et avec la tablette blanche.

81. **Chartres** (Le duc de), depuis Philippe-Égalité, dans une grande composition en largeur, destinée à servir de diplôme de Franc-Maçonnerie, d'après le dessin de Monnet.
Belle épreuve.

82. **Et. Bézout. — C.** marquis de la **Condamine. — François VI**, duc de **La Rochefoucauld. — J.-L. Le Serrurier. — Le Grand Delaleu. — Mariette. — Ch. Palissot.** Huit portraits, in-8 et in-4.
Très belles épreuves.

COCHIN (Ch.-N.).

83. **Bréval. — Cousineau. — L'abbé Coppette. — Crébillon. — Cottereau. — M.** et **Mme Denis. — Francœur. — La Live de Jully. — Moline. — Piot. — Turgot. — Vanloo**, etc. Vingt-six portraits, in-8 et in-4.
Très belles épreuves.

COLLIN (R.).

84. **Charles II** roi d'Espagne. — **Marie-Anne de Neubourg**, reine d'Espagne. — Le Roi **Charles II** descendant de son carrosse et s'agenouillant devant le Saint-Sacrement. Trois pièces.
Très belles épreuves, la dernière pièce est gravée par R. de Hooghe.

COSSIN (L.).

85. **Colbert** (J.-N.), archevêque de Rouen, d'après De La Borde. In-fol.
Très belle épreuve. Rare.

COSSIN, COELMANS et autres.

86. **L.-F.-X. de Belzunce**, évêque de Marseille. — **F. Chauveau.** — L'abbé **de Maroulle. —** Marquis de **Montsuron**, grand sénéchal de Marseille. — **P. Thomassin**, etc. Sept portraits, in-4 et in-fol.

COSSIN et VALLET.

87. **Louis XIV. —** Le grand **Dauphin**, bustes forts comme nature. Deux portraits in-fol.
Très belles épreuves.

COUTELLIER.

88. **Olivier** (Mlle), de la Comédie-Française. In-4.
Superbe et rare épreuve, imprimée en couleur; avec les inscriptions rapportées plus haut, sans aucunes autres lettres. Marge.

CRESPY (L.).

89. **Chaubert** (J.-B.), abbé de Sainte-Geneviève, d'après J. Tortebat. In-fol.

> Très belle épreuve avec marge. Rare.

DALEN (C. VAN).

90. L'Amiral **Tromp** et le Vice-Amiral de **Witt**, en regard l'un de l'autre sur la même feuille.

> Très belle épreuve. Remargée et manquant de conservation.

DARET (P.).

91. **Christine de France**, duchesse de Savoie. — **J. de l'Hospital**, maréchal de France. — **F. de Clermont**, marquis de Montglat. Trois portraits in-fol.

> Très belles épreuves.

92. **Et. d'Aligre**. — **A. de Gontaut, duc de Biron**. — **Ch. de Gontaut-Biron**. — **Henri IV**. — **Prince de Condé**. — **Duc de Montpensier**. — **F.-A. d'Estrées**. — **Ph. de la Mothe-Houdancourt**. — **Duc d'Espernon**. — **Marquis de Thémines**. — **Ch. de Schomberg**. — **Duc de Saxe-Weimar**. Douze portraits in-4.

> Très belles épreuves. Rares.

93. **J.-F. de Gondy**, premier archevêque de Paris. — **Maréchal de L'Hospital**. — **Louis XIII**. — **De Monchal**, archevêque de Toulouse. — **De Monchal**, conseiller au Parlement. — **L'abbé de Richelieu**. — **Ch^te des Ursins**, vicomtesse d'Auchy, etc. Dix portraits in-4 et in-fol.

> Très belles épreuves.

94. **Ch. de Laubespin**, garde des sceaux. — **F. de Beauvillers**, duc de St-Aignan. — **Prince de Conti**. — Cardinal **Du Perron**, premier et second état. — **Duvergier de Hauranne**, premier et second état, etc. Dix portraits in-4 et in-fol.

> Très belles épreuves.

DAGOTY (G.) FILS AÎNÉ.

95. **Duc de La Vrillière**. — **C.-R. de Meaupou**. — **Voltaire**. Trois portraits in-4.

> Très belles épreuves imprimées en couleur.

DAULLÉ (J.).

96. **Hesse-Hombourg** (Mlle Anastasie, Landgrave de), née Princesse Troubetskoy, en pied assise dans son cabinet, d'après Roslin. (Del. 2.) In-fol.

   Très belle épreuve avant les noms des artistes. Rare.

97. **Baglion de La Salle** (De), prélat français, d'après B. J. Wampe. In-fol.

   Très belle épreuve. Rare.

98. **Mariette** (J.), graveur et libraire, d'après A. Pesne (43). In-fol.

   Très belle épreuve avant diverses retouches. Grande marge.

99. Le même portrait.

   Très belle épreuve du même état. Grande marge.

100. **Mignard** (Cath.), comtesse de Feuquière, d'après P. Mignard (47). In-fol.

   Superbe épreuve avant l'adresse de l'éditeur. Marge.

101. **Pélissier** (Mlle), de la Comédie-Française, d'après H. Drouais (57). In-fol.

   Très belle épreuve avec la première adresse, celle de Drouais. Remargée.

102. **H. Rigaud** peignant le portrait d'**Élisabeth de Gouy**, sa femme (69). — La vicomtesse de **Narbonne Pelet** (70). Deux portraits in-fol.

   Très belles épreuves.

103. **Simon** (Cl. de Saint-), évêque de Metz, d'après H. Rigaud (74). In-fol.

   Très belle épreuve.

104. **Stuart** (Ch. Ed.), fils aîné du prétendant (78). In-4.

   Très belle épreuve. Rare.

105. **Caylus** (M. de Valois, comtesse de), d'après H. Rigaud. In-fol. (84).

   Très belle épreuve avec marge.

106. **J. Astruc**, docteur médecin (3). — **M. Baron**, célèbre acteur (8). — **Ch. Coffin**, littérateur (15). — **J.-B. Coignard**, imprimeur et libraire (16). — **S. Galland**, abbé général (20). — **N. Gasparini**, abbé de Saint-Antoine (21). Six portraits in-4 et in-fol.

   Très belles épreuves.

107. **Gendron**, docteur oculiste (24). — **Ph. Hecquet**, ancien doyen de la Faculté de médecine de Paris (25). — **Ch.-T. de Laubrière**, évêque de Soissons (25). — **P.-A. Lemercier**, impri-

meur de la Ville de Paris (29). — **E. Pinto de Fonséca**, grand maître de l'ordre de Malte (6). Cinq portraits in-4 et in-fol.

> Très belles épreuves.

108. **F. Auguste III**, roi de Pologne (5). — **Louis**, dauphin de France (37). — **Louis**, duc **d'Orléans**, premier prince du sang (52). — **Lᵉ Philippe**, duc **de Chartres** (50). Quatre portraits in-fol.

> Très belles épreuves.

109. Le cardinal **de Polignac** (62). — Le maréchal **de Puységur** (66). — **F. de la Peyronie**, célèbre chirurgien (58). — **J.-B. Rousseau**, poète (71). — **Ch.-H. Sonnois**, avocat à Paris (76). Cinq portraits in-4 et in-fol.

> Très belles épreuves.

DAVID (H.)

110. **Louis de Bourbon**, Comte de Soissons, d'après Ferdinand. Grand in-4.

> Très belle épreuve. Rare.

DEBUCOURT (P.)

111. **Saint-Aubin** (Mᵐᵉ de), de la Comédie Italienne. In-4.

> Très belle épreuve imprimée en noir. Rare.

DELAULNE (Eᴛ.)

112. **Henri II**, roi de France, vu à mi-corps, vêtu de sa cuirasse (R. D. 310). In-8.

> Très belle épreuve signée *P. Mariette, 1692*. Très rare.

113. **Jodelle**, poète français (312). In-8.

> Très belle épreuve avec une grande marge.

DELAULNE (Attribué à E.)

114. **François de Lorraine**, duc de Guise. — **Charles**, cardinal de Lorraine. Deux portraits in-8.

> Belles épreuves.

DELFT (W. J.)

115. **Gaspard III**, comte de Coligny, maréchal de France, d'après Miereveldt, 1631. In-fol.

> Très belle épreuve.

116. **Coligny** (Gaspard-III, comte de), seigneur de Châtillon, d'après Miereveldt. In-fol.

> Très belle épreuve.

117. **Christian**, duc de Brunswick. — **Sophie-Edwige**, duchesse de Brunswick.— **Frédéric** de Bohême. — **Élisabeth** d'Angleterre, sa femme. — Comte **de Bergh**. — **Maurice de Nassau**, etc. Quatorze portraits in-4 et in-fol., gravés la plupart d'après Miereveldt.

> Très belles épreuves.

DEMARTEAU (G.).

118. **Huet** (J.-B.), d'après lui-même. In-4.

> Très belle épreuve imprimée à la sanguine.

119. **Kergariou** (Le comte de), dans une bordure ovale reposant sur un cartouche où est représenté le combat de la *Sibylle* contre deux vaisseaux anglais le 2 janvier 1783. In-fol.

> Très belle épreuve avec toute sa marge. Rare.

DESPLACES (L.).

120. **Duclos** (Mlle), de la Comédie-Française, dans le rôle d'Ariane, d'après N. de Largillière. In-fol.

> Très belle épreuve.

DESROCHERS, DUFLOS.

121. **P. de la Broue**, évêque de Mirepoix. — **Le Bouthillier de Chavigny**, évêque de Sens. — **L.-Ant. de Noailles**, archevêque de Paris. Trois portraits in-fol.

> Très belles épreuves.

DIVERS.

122. **Jacques-Cœur**. — **J.-B. Colbert**. — Princesse **de Conti**. — **Le Giorgone**. — **Cl. Maugis**. — **Cath. de la Rovere**, etc. Douze portraits in-4 et in-fol.

> Très belles épreuves.

123. **Duc de Mercœur**. — **F. de Montigny**. — Comte **de Hornes**. — **Millot**, comédien. — Prince **de Conti**. — **Marie de Médicis**, etc. Dix portraits in-4 et in-fol.

> Très belles épreuves.

124. **Ét. Gantrel**, graveur. — **B. Picart**, graveur. — Deux portraits à la manière noire.

> Très belles épreuves. Rares.

125. **Bouron**, amateur des Beaux-Arts. — **Ant. Coypel**, deux portraits différents. — **Ét. Jeaurat**, peintre. — **F. Desportes**, peintre. — **H. Rigaud**, peintre. Six portraits in-fol.

> Très belles épreuves.

126. **R. Fremin**, peintre. — **R. Le Lorrain**, sculpteur. — **J. Marot**, architecte. — **P. Mignard**, peintre. — **J. et F. De Troy**, peintres. — **N. Vleughels**, peintre. Sept portraits in-fol.

> Très belles épreuves.

127. **C. Allegrain**, sculpteur. — **P. Contant d'Ivry**, architecte. — Madame **Le Brun**, peintre. — **S. Le Clerc**, épreuve avant la lettre. — **J.-B. Suvé**, peintre. — **J.-B.-F. de Troy**, peintre. **J. Vien**, peintre. — **H. Robert**, peintre. Huit portraits in-fol.

> Très belles épreuves.

DOSSIER (M.).

128. **E. Bousselin**, contrôleur général du Marc d'or. — **J.-B. Colbert**, marquis **de Torcy**, intendant général des postes et relais de France. — **G. Gilbert**, prêtre augustin. — A. Varice de la Vallière, dame **Neyret de la Ravoye**. Quatre portraits in-fol.

> Très belles épreuves.

DREVET (P.).

129. **Beauvau du Rivau** (R.-F.), archevêque, Duc de Narbonne, d'après H. Rigaud (F.-D. 17). In-fol.

> Très belle épreuve avec une grande marge.

130. **Berwick** (J. Fitz James, duc de), maréchal de France, d'après Jenary (20). In-fol.

> Très belle épreuve. Rare.

131. **Béthune** (H. de), évêque, comte de Verdun, d'après H. Rigaud (21). In-fol.

> Très belle épreuve.

132. **Bignon** (J.-P.), abbé de Saint-Quentin, bibliothécaire du Roi, d'après H. Rigaud (22). In-fol.

> Deux épreuves, dont l'une, très belle, est du second état : avant que la tête ait été rendue plus âgée.

133. **Boileau-Despréaux**. Deux portraits in-4 et in-fol., gravés, d'après de Piles et H. Rigaud (23 et 24).

> Très belles épreuves.

134. Le même personnage, d'après De Troy (25). In-fol.

> Superbe épreuve du premier état : avant que le nom du peintre soit écrit : *De Troye*. Rare.

135. **Brandebourg** (Ch. C. de Wurtemberg, Margravine de) (28). In-fol.

Très belle épreuve.

136. **Brunet de Montferrand** (F.), président en la Chambre des Comptes, d'après De Troy (29). In-8.

Très belle épreuve avec marge. Fort rare.

137. **Camus de Pontcarré** (N.-P.), magistrat français, d'après J. Jouvenet (31). In-fol.

Belle épreuve. Rare.

138. **Cotte** (R. de), célèbre architecte, d'après H. Rigaud (34). In-fol.

Très belle épreuve du 1er état : avant le mot « architecte », dans la seconde ligne de l'inscription.

139. **Dangeau** (Ph. de Courcillon, marquis de), gouverneur de Touraine, d'après H. Rigaud (36). In-fol.

Superbe épreuve du second état : avant toutes lettres, mais avec les armes.

140. **Dodun** (Ch. G.), marquis d'Herbault, d'après H. Rigaud (39). In-fol.

Très belle épreuve avec marge.

141. **Espagne** (Philippe V, roi d'), d'après F. de Troy (40). In-fol.

Très belle épreuve.

142. Le même personnage, d'après H. Rigaud (41). In-fol.

Très belle épreuves du 1er état : avant l'adresse de Bligny.

143. Le même portrait.

Très belle épreuve.

144. **Estrées** (César d'), cardinal, d'après Giffart (43). In-4.

Très belle épreuve du 1er état : avant les noms des artistes.

145. **Eudes** (J.), fondateur de la congrégation des Eudistes, d'après Le Blond (44). In-fol.

Très belle épreuve. Rare.

146. **Louis XIV**, vu debout jusqu'aux genoux, d'après Person (52). Très grand in-fol.

Très belle épreuve, manque de conservation. Fort rare.

147. **Louis XIV**, en pied, d'après H. Rigaud. Très grand. In-fol. (55).

Belle épreuve.

148. **Louis de France,** surnommé le Grand Dauphin (56). — Le duc de **Bourgogne** son fils (57). Deux portraits in-fol.

Très belles épreuves, la dernière pièce est avant la lettre et remargée.

149. **Louis XV** enfant, assis sur son trône, d'après H. Rigaud (58). In-fol.

Très belle épreuve, doublée et manquant de conservation.

150. **Maine** (L.-A. de Bourbon, prince de Dombes, duc du). Deux portraits in-4 et in-fol., d'après F. de Troy (60 et 61).

> Très belles épreuves.

151. **Maine** (L.-A. de Bourbon, prince de Dombes, duc du), d'après F. de Troy (62). In-fol.

> Très belle épreuve. Fort rare.

152. **Toulouse** (L.-A. de Bourbon, comte de), d'après F. de Troy (63). In-fol.

> Très belle épreuve du 1er état : avant que la dédicace sur les palmes ait été remplacée par l'adresse de Drevet. Fort rare.

153. Le **même personnage**, d'après H. Rigaud (64). In-fol.

> Très belle épreuve du 1er état : avant que l'une des deux ancres, placées derrière le cartouche, ait été supprimée; elle manque un peu de conservation.

154. Le **même personnage**, d'après H. Rigaud (65). In-fol.

> Très belle épreuve avec une grande marge.

155. **Conti** (F. de Bourbon, prince de), en pied, d'après H. Rigaud (66). Grand in-fol.

> Très belle épreuve.

156. **Condé** (L.-H. duc de Bourbon, prince de), ministre d'État, d'après Gober (67). In-fol.

> Très belle épreuve, une légère déchirure à gauche. Marge.

157. **Gondrin d'Antin** (P. de Pardaillan de), évêque et duc de Langres, d'après Vanloo (70). In-4.

> Très belle épreuve avec une très grande marge.

158. **Humières** (A.-L. de Crevant d'), abbesse et réformatrice de l'abbaye de Monchy (73). In-8.

> Très belle épreuve. Rare.

159. **Joly de Fleury** (S.-O.), avocat général au parlement de Paris (75). In-fol.

> Très belle épreuve. Rare.

160. **Keller** (J.-B.), inspecteur de la fonderie de l'Arsenal à Paris, d'après H. Rigaud (76). In-fol.

> Très belle épreuve avant l'adresse de Bligny. Grande marge.

161. **La Bruyère** (J. de) (79). In-8.

> Très belle et rare épreuve du 1er état : avant toutes retouches. Remargée.

162. **Lambert de Thorigny** (N.), président en la chambre des comptes. — **Lambert** (M. de Laubespine, Mme), sa femme. Deux portraits in-fol., gravés d'après N. de Largillière (80 et 81).

> Très belles épreuves.

163. **Le Peletier** (C.), ministre d'État, contrôleur général des finances (86). In-fol.

Très belle épreuve avec marge.

164. **Lesdiguières** (P. M. F. de Gondy, duchesse de) (87). In-4.

Très belle épreuve. Rare.

165. **L.-A. de Noailles**, card^{al} archevêque de Paris (99 et 100), Ad^{en}-M^{ce} duc **de Noailles**, maréchal de France (102). Trois portraits in-fol.

Très belles épreuves.

166. **Polinier** (J.), abbé de Sainte-Geneviève, d'après Lescrinier (106). In-fol.

Très belle épreuve avec marge.

167. **Portail** (Ant.), premier président au Parlement de Paris, d'après R. Tournière (108). In-fol.

Superbe et très rare épreuve du 1er des quatre états décrits : avant que la planche ait été rallongée dans le bas et que les noms des artistes aient été déplacés. Grande marge.

168. **Rancé** (A.-J. Le Bouthilier de), réformateur de la Trappe, d'après H. Rigaud (109). In-12.

Très belle épreuve, la marge du côté droit est rapportée.

169. **Maria Serre**, Mme Rigaud mère (110). — **H. Rigaud**, célèbre peintre de portraits (111 et 112). Trois portraits in-fol.

Très belles épreuves, celle du portrait de Rigaud (111) est du deuxième des quatre états décrits : avec la première inscription et avant que la date de 1700 ait été remplacée par celle de 1703.

170. **Nemours** (M. d'Orléans, duchesse de), appelée Demoiselle de Longueville, d'après H. Rigaud (115). In-fol.

Très belle épreuve avec une très grande marge.

171. **Villars** (L.-H. duc de), maréchal de France, d'après H. Rigaud (123). In-fol.

Très belle épreuve, tirée avant que l'inscription en neuf lignes ait été remplacée par une autre ne formant que six lignes.

171 *bis*. **La R. Mère Cath. de Bar** (15), **Saint-Bernard** (18). — **P. V. Bertin**, trésorier des parties casuelles (19). — **M^{ie} Cadesne, femme Desjardins** (38). Quatre portraits in-4 et in-fol.

Très belles épreuves.

172. **And. Felibien** (46). — **Finé de Brianville**, abbé de Pontigny (47). — Le Cardinal **Fleury** (48). — **J. Forest**, peintre (49). Quatre portraits in-4 et in-fol.

Très belles épreuves.

173. **B.-H. de Fourcy**, abbé de Saint-Wandrille (50). — **H. de Fourcy**, prévost des marchands (51). — **P. Gillet**, ma

gistrat (68). — **F. Girardon**, sculpteur (69). — **Issaly**, magistrat (74). Cinq portraits in-4 et in-fol.

> Très belles épreuves.

174. **E. Delamet**, curé de Saint-Eustache (82).— **L. Legendre**, historien (85). — Duc **de Lesdiguières** (88). — **J. P. de Lillenstedt** (89). — **Léopold I**er duc de Lorraine (91). — Le Rᵈ Père **J. Maunoir**, philologue (93). Six portraits in-4 et in-fol.

> Très belles épreuves.

175. **J.-A. de Mesmes**, comte **d'Avaux**, président à mortier au Parlement de Paris (94). — **J.-M. Mitantier**, greffier de l'Hôtel de Ville de Paris (95). — **P. Paillot**, héraldiste (103). — Le Rᵈ Père **Pini**, écrivain (104). — Le Cardinal **de Rohan** (113). — **M. Rollin**. Six portraits in-4 et in-fol.

> Très belles épreuves.

176. **R. de Cotte**. — **Mˢ de Dangeau**. — **H. Fourcy**. — **N. Colbert**. — **R. Pucelle**. — **H. Rigaud**. — **Fénelon**. — **Louis XV** conduit au temple de l'immortalité. Huit portraits in-fol.

> Belles épreuves.

DREVET (P.-J.).

177. **Bernard** (S.), fameux financier, d'après H. Rigaud. Grand in-fol. (11).

> Très belle épreuve avec marge.

178. **Bossuet** (J.-B.), Évêque de Meaux, en pied, d'après H. Rigaud (12). In-fol.

> Superbe épreuve, avec un point seulement après le mot *pinxit*. Toute marge.

179. Le même portrait.

> Ancienne et belle épreuve.

180. **J.-V. Besenval**, général (7). — **A. Milon**, évêque, comte de Valence (11). — **Oswald**, cardinal d'Auvergne (12). Trois portraits in-4 et in-fol.

> Très belles épreuves.

181. **Dubois** (G.), cardinal (15). In-fol.

> Très belle épreuve.

182. **Fénelon** (F. de Salignac de la Mothe), archevêque de Cambrai, d'après Vivien (16). In-4.

> Très belle épreuve.

183. **Orléans** (E. Ch. de Bavière, duchesse d'), surnommée la Palatine, d'après H. Rigaud (17). In-8 en largeur.

> Très belle épreuve.

184. Orléans (L.-A. d'). Mlle de Chartres, abbesse de Chelles, d'après Gobert (18). In-fol.

Très belle épreuve. Remargée.

185. Le **même personnage**, d'après Gobert (19). In-fol.

Très belle épreuve.

186. Lecouvreur (Ad.), célèbre actrice (24). In-fol.

Très belle épreuve tirée avant que le dessin de la bouche ait été retouché.

187. F. de Mailly, cardinal archevêque de Reims. Deux portraits in-fol. et in-8, d'après Vanloo (26 et 27).

Très belles épreuves.

188. Ch. J. Cisternay du Fay, bibliophile (13). — **P.-N. Couvay**, secrétaire du Roi (14). — **L. d'Orléans**, fils du Régent (21). — **Cl. Leblanc** (23). — **L. Lavergne de Tressan**, archevêque de Rouen, deux portraits connus sous les noms du Grand et du Petit Breviaire (31 et 32). Ensemble six portraits in-8, in-4 et in-fol.

Très belles épreuves.

189. J.-P. de Neufville de Villeroy, archevêque de Lyon (28). — **R. Pucelle**, magistrat (29). — **D. de Sainte-Marthe**, historien et théologien (30). — **J.-J. de Verthamont**, évêque de Couserans (33). Quatre portraits in-4 et in-fol.

Belles épreuves.

DREVET (Cl.).

190. Le Bret (M.-H. de la Briffe, Mme), d'après H. Rigaud. In-fol. (9).

Très belle épreuve.

191. C.-G. de Vintimille, archevêque de Paris (14). — Le comte de **Zinzendorf**, homme d'État allemand (15). Deux portraits in-fol. d'après H. Rigaud.

Belles épreuves.

DUCHANGE-DUPUIS.

192. P. de la Broue. — **Ch. de La Fosse**, peintre. — **N. de Largillière**, peintre. — **Ch.-F. Poerson**, peintre. — **Le Normant de Tourneheim**, directeur général des bâtiments de Sa Majesté. — **C. Vanloo**, peintre. Dix portraits in-fol.

Belles épreuves.

DUFLOS (Cl.).

193. Beauviller de Saint-Aignan (F.-H.), évêque de Beauvais, d'après E. Fontaine. In-fol.

Très belle épreuve. Rare.

194. **Clermont-Tonnerre** (F. de), évêque et comte de Noyon, d'après Tortebat. In-fol.

> Très belle épreuve.

195. **Boufflers** (L.-F., duc de), maréchal de France. In-fol.

> Très belle épreuve. Très rare.

196. **J. Berain**, célèbre ornemaniste. — **Claude Duflos**, graveur. — **Philippe V**, roi d'Espagne. — **F. de Laval**. — **L. Tronson**, supérieur du séminaire de Saint-Sulpice. — **F. d'Aligre**. — **R. Ballard**, imprimeur de musique. — **Ch.-M. Le Tellier**. Sept portraits in-fol. et in-4.

> Très belles épreuves.

DUFLOS ET M. HORTHEMELS.

197. **Orléans** (Ph. duc d'), régent de France. Deux portraits in-fol., gravés d'après R. Tournière et Santerre.

> Très belles épreuves.

DUPUIS (C.).

198. **Boucher** (M^{ce} J^{ne} Perdrigeon, épouse de Ét.-P.), en pied, d'après J. Raoux. In-fol.

> Très belle épreuve.

DURMER.

199. **Léopold II**, empereur des Romains, d'après Kreisinger. Médaillon ovale in-4.

> Très belle épreuve imprimée en couleur.

DYCK (d'après A. Van).

200. **Cachiopin**. — **Th. Galle**. — **Gustave-Adolphe**. — **P. de Jode**. — **G. Hondius**. — **M. de Croy**. — **C^{sse} de Portland**. — **P. Pontius**. — **J. de Vos**, etc. Vingt-cinq portraits gravés par Bolswert, Hollar, P. Pontius, Vostermann et autres artistes.

> Anciennes et belles épreuves.

ÉCOLE ALLEMANDE.

201. **Rodolphe II**. — **L'Empereur Mathias**. — **Ferdinand III**. — **L'Empereur Léopold**. — **Éléonore-Dorothée**, princesse de Wurtemberg. — **Marie-Thérèse**. — **Charles-François-Joseph Ier**. — **Joseph II**. — **Montecuculli**. — **Laudon**, etc. Vingt-cinq portraits in-4 et in-fol. de personnages historiques autrichiens et allemands.

> Très belles épreuves.

202. **Albert**, margrave de Brandebourg. — **Frédéric-Guillaume**, margrave de Brandebourg. — **Frédéric Ier. — Frédéric II.** — **Frédéric III.** — **Charles**, prince de Brunswick. — **Ferdinand**, duc de Brunswick. — **Coccéi.** — Comte **Schulemburg**, etc. Seize portraits in-4 et in-fol. de personnages historiques prussiens gravés par J. Sandrart, Chodowieki, Nilson et autres artistes.

> Très belles épreuves.

203. **Vladislas-Sigismond. — Jean III. — Marie Casimir. — Auguste III. — Sobieski. — Comte de Koenigsmark. — Christian de Vinde. — F. Christian VII. — Louise-Augusta. — Caroline Mathilde. — Struensée**, etc. Vingt portraits in-4 et in-fol. de personnages historiques danois et polonais, gravés par des artistes contemporains.

> Très belles épreuves.

204. **Pierre le Grand.** — Comte de **Griffenfeld.** — Général **Munich**, etc. Douze portraits in-4 et in-fol. de personnages historiques russes.

> Très belles épreuves.

ÉCOLE ANGLAISE.

205. **Marie**, reine d'Angleterre. — **Marie**, reine d'Écosse. — **Charles Ier.** Les Enfants de **Charles Ier. — Cromwell. — Richard Cromwell.** — Lady **Élisabeth Cromwell.** — **Th. Howard.** — Chancelier **Bacon.** — **Lord Strafford.** — Duc d'**Essex**, etc. Vingt portraits in-4 et in-fol. de personnages historiques anglais, gravés par Hollar, Vosterman, P. de Jode, Strauge et autres artistes.

> Très belles épreuves.

206. **Charles II.** — Duchesse d'**York.** — **G. Monck.** — Duc de **Montmouth. — Jacques II. — Jacques III.** — Duc de **Bedford.** — Duc de **Shaftesbury.** — **Milton.** — **Newton**, etc. Vingt portraits in-4 et in-fol. de personnages historiques et de littérateurs anglais, gravés, pour la plupart, par des artistes contemporains.

> Très belles épreuves.

207. **Georges Ier.** — La Princesse **Anne de Danemark.** — La Reine **Anne.** — **Anne.** P^{sse} de la Grande-Bretagne. — Duc de **Marlborough.** Neuf portraits in-4 et in-fol. de personnages historiques anglais.

> Très belles épreuves.

208. Lord **Auson**. — Lord **Chesterfield**. — L'Amiral **Byng**. — **Jenner**. — Sir **G. Bridges Rodney**. — **William Pitt**. — **Laurence Sterne**. — **Wilberforce**, etc. Dix portraits in-4 et in-fol. de personnages politiques et littérateurs anglais, gravés, pour la plupart, à la manière noire.

> Très belles épreuves.

ÉCOLES FLAMANDE ET HOLLANDAISE.

209. **Charles V**. — L'Infante Cl. **Isabelle Eugénie**. — **Philippe III**. — **Philippe IV**. — **Élisabeth de Bourbon**. — **Fernand Cortez**. — Duc **d'Albe**. — Amb. **Spinola**. — **F. de Velasco**, etc. Vingt-cinq portraits de personnages historiques espagnols gravés par Muller, Vorsterman et autres artistes.

> Très belles épreuves.

210. **Guillaume le Taciturne**. — **Maurice de Nassau**. — **Frederic Henri**. — **Augusta-Marie**, princesse d'Orange. — **Wassenaer**. — **Longkius**. — **Laurent Coster**. — **Cornhaert**, etc. Quatorze portraits in-fol. de personnages politiques et savants hollandais, gravés par Goltzius, Queeboren, Muller, Van Dalen et autres artistes contemporains.

> Très belles épreuves.

211. **Marguerite de Gonzague**. — **Élisabeth-Frédérique**, reine de Bohême. — **Renée de Lorraine**, duchesse de Bavière. — **Antoine**, roi de Portugal. — L'archiduc **Ferdinand**. — Duc **d'Albe**, etc. Quinze portraits in-8, gravés par Queeboren, C. Galle et autres artistes.

> Très belles épreuves.

212. Princes **de Croy**. — **Erasme**. — **J. de Witt**. — **P. Breughel**. — **M. de Vos**. — **Blomaert-Vondel**. — **Maria Schurman**, etc. Trente portraits in-4 et in-fol. de personnages historiques et d'artistes flamands et hollandais, gravés, pour la plupart, par des artistes contemporains.

> Très belles épreuves.

213. **Christian V**. — **Charles-Gustave**. — **Gustave-Adolphe**. — **Christine**. — **Charles XII**. — **Gustave Horn**. — **Wrangel**. — **Oxienstern**, etc. Vingt-deux portraits de personnages historiques suédois et norvégiens, gravés par Haelwech, Hondius, Sandrart et autres artistes.

> Très belles épreuves.

ÉCOLE ITALIENNE.

214. Collection de quarante-deux portraits, in-4, et in-fol., de papes
se suivant sans interruption depuis **Innocent VIII** jusqu'au
pape **Pie IX**, ils sont gravés, pour la plupart, par des artistes
contemporains.

Très belles épreuves. Collection très rare à rencontrer aussi complète.

**215. Cosme de Médicis. — Fr. de Médicis. — Cosme III. —
Victor-Amédée III. — J. Cornélius,** doge de Venise. **—
Louis Marin,** doge de Venise. **— Lazare Mocenigo. — Fr.
Mauroceno. — Michel-Ange,** etc. Vingt-deux portraits
in-4, et in-fol. de personnages politiques et d'artistes italiens,
gravés pour la plupart par des artistes contemporains.

Très belles épreuves.

EDELINCK (G.).

216. Charles, duc de **Berry** (R.D. 147).— **Louis,** duc de **Bourgogne**
(148). — **Philippe,** duc **d'Anjou** (294). Trois portraits in-fol.,
gravés d'après De Troy.

Très belles épreuves.

217. Louis, duc **de Bourgogne,** deux épreuves dont l'une est découpée à l'ovale (159). — **J.-B. Colbert,** ministre d'État (171).
Deux portraits in-fol.

Belles épreuves.

218. Champagne (Ph. de), peintre du Roi, d'après lui-même (154).
In-fol.

Très belle épreuve du 1er état : avant le trait échappé. Remargée.

219. Brûlart de Sillery (F.), évêque de Soissons, membre de
l'Académie française, d'après H. Rigaud (161). In-fol.

Deux très belles épreuves du premier et du second état.

220. Châteaumeillan (Ant.-A., comte de), gouverneur du Berri,
d'après H. Watelé (165). In-fol. en largeur.

Très belle épreuve.

221. Colbert (J.-B.), ministre d'État, d'après C. Le Brun. In-fol. en
largeur. Partie supérieure de la thèse de philosophie soutenue en Sorbonne par Cl.-N. Morel (171).

Très belle épreuve.

222. Croissy (Ch. Colbert, marquis de), ministre et secrétaire d'État,
d'après H. Rigaud (175). In-fol.

Très belle épreuve avec une grande marge.

D'Aligre (Et.), chancelier de France, d'après Nanteuil. Buste fort comme nature (178). In-fol.

> Très belle épreuve.

224. **Descartes** (R.), célèbre philosophe, d'après F. Hals (181). In-fol.

> Très belle épreuve du 1ᵉʳ état : avant l'adresse de Chereau.

225. **Dilgérus** (N.), ministre de Dantzig (185). In-fol.

> Superbe épreuve avec une grande marge. Rare.

226. **A.-L. de Foix de la Valette d'Espernon**, religieuse carmélite (195). — **César d'Estrées**, cardinal évêque d'Albano (197). Deux portraits in-4 et in-fol.

> Très belles épreuves.

227. **Evrard** (Ph.), avocat au Parlement de Paris, d'après Tortebat. (198). In-fol.

> Superbe épreuve du 2ᵉ état : avant l'adresse de Bligny. Grande marge.

228. **Ferdinand**, prince évêque de Paderborn et de Munster, d'après Le Brun. In-fol. (203).

> Très belle épreuve du 1ᵉʳ état : avant les mots : *Et typographia Regia.*

229. **Fontaine** (Lˢᵉ-Eˡⁱᵉ de), supérieure du monastère de la Visitation de Sᵗᵉ-Marie, rue Sᵗ-Antoine (208). — **Werguignœul** (Révérende Dame F. de), abbesse de la Réforme de Saint Benoist, en la ville de Douay (339). Deux portraits in-12.

> Très belles épreuves. Rares.

230. **Huet** (P.-D.), évêque de Soissons, puis d'Avranches, d'après N. de Largillière (224). In-fol.

> Très belle épreuve.

231. **La Morinière** (Ad. Lefort de), littérateur, d'après Tortebat. In-fol. (235).

> Très belle épreuve.

232. **La Vallière** (L. de La Baume Le Blanc, duchesse de) (237). In-8.

> Très belle épreuve. Rare.

233. **Le Tellier** (Ch.-M.), archevêque de Reims, d'après P. Mignard, Petit in-fol. (245).

> Superbe épreuve du 1ᵉʳ état : avant les deux points que l'on remarque, à la droite du bas, sur la bordure.

234. **Lionne** (J.-P. de), aumônier du Roi, d'après Jouvenet. In-fol. (247).

> Très belle épreuve du 2ᵉ état : avant que la dédicace ait été enlevée. Grande marge.

235. **Louis XIV**, roi de France. In-8 (248).

> Superbe et très rare épreuve du 1ᵉʳ des six états décrits : avant toutes lettres. Excessivement rare.

236. **Louis XIV**, roi de France (256). — Marquis **de Louvois**, ministre d'État (261). Deux portraits in-fol.

> Très belles épreuves.

237. **Mansart** (J. Hardouin), célèbre architecte. Deux portraits in-fol. gravés d'après Vivien et H. Rigaud (267, 268).

> Très belles épreuves, la seconde pièce est avant l'adresse de Bligny.

238. **Montarsis** (P. de), amateur des Beaux-Arts, d'après Ant. Coypel (277). In-fol.

> Très belle épreuve du second état : avec le millésime de 1692 perceptible. Grande marge.

239. **Montespan** (Fˢᵉ Alhˢ de Rochechouart, marquise de) (278). In-4.

> Belle épreuve. Remargée.

240. **Noailles** (L. Ant., cardinal de), archevêque de Paris, d'après H. Rigaud (285). In-fol.

> Très belle épreuve. Rare.

241. **Santeuil** (J.-B.), chanoine de l'abbaye Saint-Victor de Paris, d'après Du Metz. In-fol. (311).

> Très belle épreuve du second état : avant toute adresse.

242. **Savary** (J.), conseiller du Roi, d'après Coypel. In-4 (314).

> Superbe épreuve du second état : avant la réduction de la hauteur de la marge intérieure. Rare.

243. **Is. Silvestre**, dessinateur et graveur à l'eau-forte (317). — **Ed. Colbert** marquis **de Villarcerf**, surintendant et ordonnateur général des bâtiments (336). Deux portraits. In-fol.

> Très belles épreuves.

244. **Villeroy** (F. de Neufville, duc de), maréchal de France. In-fol. (337).

> Très belle épreuve du 1ᵉʳ état : avant l'adresse de Drevet.

245. **A.-T. Bertier**, évêque de Rieux (148). — **P.-V. Bertin**, trésorier des parties casuelles (149). — **J.-P. Bignon**, bibliothécaire du Roi (150). — Baron **de Blaisy**, conseiller du Roi (152). — **J.-B. Bossuet**, évêque de Meaux (156). Cinq portraits, in-4 et in-fol.

> Très belles épreuves.

246. **P.-V. Bertin**, trésorier des parties casuelles (149). — **B. de Rabutin**, comte **de Bussi**, lieutenant général (162). — **P. de Carcavy**, garde de la bibliothèque du Roi (163). — **J.-B.-M.**

Colbert, archevêque de Toulouse (172). — **J.-B. de Blye** (179), premier président au Parlement de Tournay. Cinq portraits in-4 et in-fol.

Très belles épreuves.

247. **Isabelle de Bragance**, infante de Portugal (160). — **Louis XIV** (254). — **Philippe V**, roi d'Espagne (294). — **Ulrique-Éléonore**, reine de Suède (332). Quatre portraits in-4.

Très belles épreuves.

248. **J.-B. Colbert**, archevêque de Toulouse (172). — **M. Vanden-Bogaert**, célèbre sculpteur (182). — **Ch. D'Hozier**, généalogiste du Roi (184). Trois portraits in-fol.

Très belles épreuves.

249. **Remi du Laury**, prévôt de l'église de St-Pierre de Lille (188). — **G. Berbier du Metz**, président à la Chambre des Comptes de Paris (190). — **A. Durer**, célèbre peintre (193). — **G. Crescent Fagon**, premier médecin du Roi (200). Quatre portraits in-fol.

Très belles épreuves.

250. **Esprit Fléchier**, évêque de Nismes (205). — **Henri Goltzius**, célèbre graveur (216). — **C. Gottvald**, médecin de Dantzig (217). — **A. Hamon**, curé de St-Paul (221). — **Dominique, comte de Kaunitz** (228). Cinq portraits in-4, et in-fol.

Très belles épreuves.

251. Saint **François de Sales** (31). — **E. Fléchier**, évêque de Nismes (206). — **Gherardi**, comédien italien (214). — J. Hérault de **Gourvielle**, conseiller d'État (218). — **Jacques II** (226). — **J. Mascaron**, évêque de Tulle (270). — **Mme de Miramion** (276). — **Cl. de Ste-Marthe** (308). — **D. Téniers** (326). — **N. Vérien**, graveur de cachets (325). Dix portraits in-8.

Très belles épreuves.

251 *bis*. Madame **de Miramion** (275). — **P. de Montarsis**, amateur des Beaux-Arts (277). — **Ch. Mouton**, musicien de Louis XIV (281). — **Ch. Perrault**, de l'Académie française (292). — **Cl. Perrault**, médecin de la Faculté de Paris (293). — **N. Pinette**, fondateur de la maison de l'Oratoire. Six portraits in-4 et in-fol.

Très belles épreuves.

252. **G. de La Forge**, général de l'ordre des Mathurins (231). — Madeleine **de Lamoignon** (234). — **Ch. Lebrun**, célèbre peintre (238). Trois portraits in-fol.

Très belles épreuves.

253. **F. Léonard**, premier imprimeur du Roi (242). — **G.-F.** marquis **de l'Hopital** (246). — **N. de Malezieux**, chancelier de la principauté de Dombes. Trois portraits in-4 et in-fol.

> Très belles épreuves.

254. **H. Rigaud**, célèbre peintre (303). — **P. Simon**, graveur (520). — **F. Tortebat**, peintre (328). Trois portraits in-fol.

> Très belles épreuves.

255. **Cl. de Saint-Georges**, archevêque de Lyon (307). — **D. Schrader** (317). — **M. de Sousy**, intendant des finances (322). — **P. Tallemant** de l'Académie française (324). — **E. Tessier**, G^{al} de l'ordre des Mathurins (325) — comte **de Toulouse**, amiral de France (329). — **L. de Tressan**, évêque du Mans (320). Sept portraits in-fol.

> Très belles épreuves.

256. **Charles**, duc **de Berry**. — Baron **de Blaisy**. — **Ferdinand**, évêque de Paderborn. — **Fléchier**. — **M. Le Tellier**. — **J. Racine**. — **J. de Tourreil**, etc. Dix portraits in-4 et in-fol.

> Belles épreuves.

257. **Denis Granville**. — Le Père **A. Rodriguez**, de la Compagnie de Jésus. — **Giraumon**, imprimeur. — Le cardinal **Ximènes**, grand inquisiteur, archevêque de Tolède. Cinq portraits in-4 et in-8.

> Très belles épreuves.

EDELINCK (N.).

258. **Orléans** (Ph. duc d'), régent du Royaume. Grand portrait équestre, gravé d'après J. Ranc.

> Très belle épreuve.

259. **Sévigné** (Mme de Rabutin-Chantal, marquise de), d'après R. Nanteuil, in-18.

> Superbe épreuve de 1er état : avant le trait d'union entre les noms de Rabutin et Chantal. Remargée.

ELLIARTS (J.).

260. **Henri IV**, roi de France, en buste, il est représenté tête nue et décoré de l'ordre de Saint-Michel. In-fol.

> Très belle épreuve. Rare.

FALCK (J.).

261. **Gabriel de La Gardie**. — Le prince **Bogulas Radziwil**. — **Leonard Torstenson**. — **J. Ulrich de Wallich**. — **Charles-Gustave**, comte palatin. Cinq portraits in-4 et in-fol.

> Très belles épreuves.

FAITHORNE (G.).

262. **Charles I**^{er}, roi d'Angleterre. In-4.

Très belle épreuve avec marge.

FICQUET (E.).

263. **De Chennevières. — Corneille. — Crébillon. — Descartes. — Dortous de Mairan. — Eisen. — Fénelon. — La Fontaine**, épreuve dite au ruisseau blanc. **M**^{me} **de Maintenon.** Neuf portraits in-8.

Très belles épreuves.

264. **La Mothe-Levayer. — M**^{me} **de Maintenon. — Montaigne. — J.-J. Rousseau. — J.-B. Rousseau. — Saugrain. — Vadé. — Voltaire.** — Sept portraits tirés de la suite d'Odieuvre, dont celui du duc **d'Angoulême** en épreuve avant la lettre. Ensemble seize portraits in-8.

Très belles épreuves.

FIRENS (P.).

265. **Louis XIII** et **Anne d'Autriche**, en regard l'un de l'autre sur la même feuille. In-4 oblong.

Très belle épreuve.

FICHER (E.).

266. **Christian VII**, roi de Danemark, gravé à la manière noire. In-fol.

Très belle épreuve.

FLIPART (J.-J.).

267. **J.-J. Flipart**, graveur. — **J.-B. Greuze**, peintre. Deux portraits in-4, gravés par Flipart et Ingouf.

Très belles épreuves ayant toutes leurs marges.

FLIPART (Joseph).

267 bis. **Ferdinand VI**, roi d'Espagne. — **Marie-Madeleine-Thérèse** de Portugal, sa femme et quelques grands personnages de leur cour, assistant au Palais du Buen-Retiro? à un concert dirigé par leur favori **Carlo Broschi**, surnommé **Farinelli.** Grande et belle composition en largeur, des plus intéressantes et, comme portraits et comme costumes, gravée d'après Amiconi.

Très belle épreuve. Fort rare.

FROSNE (J.).

268. **Cl. de Baudry**, abbé de la Croix. — **N. Daunet**, comte **Desma**retz, grand fauconnier de France. — **F. Du Bois**, marquis de

Mousseaux, maître d'hôtel du Roy. — **Du Fay de Saint-Join**, maître des requêtes. Quatre portraits in-fol.

Très belles épreuves.

269.   **Ch. de Sainte-Maure, marquis de Montauzier.** — Le Marquis **Harouys de Bréauté**. Deux portraits in-fol.

Très belles épreuves. Rares.

270.   **G. de Choiseul du Plessis-Praslin**. — **Jean d'Estampes. N. Le Fevre**, sieur de Lezeau. — **J. Le Maistre de Bellejame**. — **M. de Piancour**, abbé de la Croix. — **G. du Fay de Saint-Jean.** — Le petit du **Beau Château**. Sept portraits in-4 et in-fol.

Très belles épreuves. Rares.

FREYDHOF.

270 *bis*. **Dessau** (Franz Léopold von) en pied, tenant son bâton de commandement à la main. Grand in-fol. gravé à la manière noire.

Très belle épreuve. Sans marge.

GAILLARD (R.).

271.   **Galitzin** (Cath. Princesse de), d'après Vanloo. In-fol.

Très belle épreuve avec une grande marge.

272.   **Ch. de Beaumont**, archevêque de Paris. — **F. Castanier**, receveur général des finances. — **Pichot dé La Martinière**, premier chirurgien du roi. — **Languet**, évêque de Soissons. — Le cardinal **Potier de Gesvres**. — L^se **Ulrique-Éléonore**, princesse de Prusse. Six portraits in-fol.

Très belles épreuves.

GANTREL (S.).

273.   **Créquy** (Charles, duc de), pair de France, gouverneur de Paris, d'après Mignard. In-fol.

Très belle épreuve. Rare.

274.   **L. Meleun**, prince d'Epinoy, maréchal de Camp. — **La Melleraye**, maréchal de France. Deux portraits in-fol.

Très belles épreuves.

275.   **Camille de Neufville**, archevêque de Lyon. — **F. de Carbonnel de Canisy**, évêque de Limoges. — **L. Goyon de Matignon**, évêque de Coutances. Trois portraits in-fol.

Très belles épreuves.

276.   **G. de Beauvau**, évêque de Nantes. — **M. Poncet de la Rivière**, maître des Requêtes. — **N.-A. de Harlay**, conseiller

d'État. — **G. de Roquette**, évêque d'Autun. — **Ch. Le Rouge**, docteur de Sorbonne, etc. Cinq portraits in-fol.

Très belles épreuves.

277. **F. de Baglion**, évêque de Tréguier. — **Dugué de Bagnols.** — **L. de Chamilly**, abbé de Saint-Pierre-de-Couture. — **J. Chevalier**, seigneur de Courtanvaux, receveur général des finances de Metz. — **Ant. Cloche.** — R. Père **B. Portu**, général des Capucins. Six portraits in-4 et in-fol.

Très belles épreuves.

GAUCHER (Ch.-E.).

278. **Son portrait** (P. et B. 22). In-8.

Très belle épreuve du 2e état, avant l'indication : *Tome 4.* Grande marge.

279. Couronnement de Voltaire sur le Théâtre-Français le 30 mars 1778, après la sixième représentation d'*Irène*, gravé d'après le dessin de Moreau le Jeune (18).

Très belle épreuve, tirée avant que les armes et la dédicace à Mme de Villette aient été enlevées. Grande marge.

280. Les Adieux de Louis XVI à sa famille. Petite pièce de forme ronde (21).

Superbe épreuve avant toutes lettres. Toute marge.

281. **Buffon** (G.-L. Leclerc de), d'après Drouais (30). In-fol.

Deux épreuves, dont l'une, très belle, est avant l'inscription sur la tablette et avant de légers travaux.

282. **Cailhava** (J.-F.), d'après Pujos (32). In-8.

Deux épreuves, dont l'une, très belle, est d'un état non décrit : avant la lettre, mais terminée.

283. **Cossé** (J.-P. Timoléon de), duc de Brissac, maréchal de France, d'après Pougin de Saint-Aubin, dans un encadrement orné avec une curieuse petite vue de Paris au-dessous du portrait (44). In-fol.

Deux épreuves, dont l'une, très belle, est avant la lettre.

284. **Du Barry** (Mme la comtesse), d'après Drouais (50). In-8.

Deux épreuves, dont l'une, quoique rognée à l'encadrement, et dont, par ce fait, la justification manque, est, étant donnée sa beauté d'épreuve, avant l'adresse de Bligny. La seconde épreuve est avec cette adresse.

285. **Florian** (J.-P. de) (61). In-12.

Deux épreuves, dont l'une, très belle, très rare et non décrite, est dans un état d'eau-forte un peu avancé.

286. **J. Foullon**, intendant de la Guerre et de la Marine (c'est le Foullon qui fut pendu en 1789) (62). In-fol.

Très belle épreuve. Très rare.

286 *bis*. **Joseph II. — Marie-Antoinette**. Deux portraits in-8, gravés d'après Moreau, pour les annales du règne de Marie-Thérèse (84 et 110).

> Très belles épreuves, le portrait de l'Empereur est avant le texte, celui de la Reine avec le texte gravé.

287. La Borde (J.-B. de), d'après Durameau (86). In-8.

> Deux épreuves avec de grandes marges, dont l'une, très belle, est avant la lettre.

288. Lantier (E.-P.), d'après Ducreux (88). In-8.

> Trois épreuves en trois états différents : à l'état d'eau-forte, avant la lettre non entièrement terminée et les noms des artistes tracés à la pointe (état non décrit) et avec la lettre.

289. La Rochefoucauld (le comte de), d'après Drouais (99). In-8.

> Très belle épreuve avant la lettre. Toute marge.

290. Le Normant du Coudray (C.), d'après P. Le Gay (98). In-8.

> Très belle et très rare épreuve du premier état : avant la lettre, la tablette et le cartouche des armes en blanc.

291. Malesherbes, de profil (106) découpé à l'ovale. — Le même personnage (107), deux épreuves, dont l'une est avant toutes lettres et avec la tablette blanche. Ensemble trois portraits in-12 et in-8.

> Très belles épreuves.

292. Marie Leckzinska, d'après Nattier (112). In-8.

> Deux épreuves, dont l'une très belle, mais remargée, est avant le texte au verso.

293. Noyelles (baron et baronne de), d'après De Pache (124 et 125). — **Racine**, d'après Santerre (136). Ensemble trois portraits in-8.

> Très belles épreuves.

294. Soret (G.-J.), avocat au Parlement, d'après Mme de Vaupré (146). In-8.

> Deux épreuves dont l'une est à l'état d'eau-forte.

295. Fanny Beauharnais (25). — **J.-B. Bossuet** (27). — **L.-J. de Boufflers** (28). — **F.-B. Briquet** (29). — **J.-F. Cailhava** (32). — **J.-P.-A. Cambefort** (33). — Comtesse de **Carcado** (34). — **Catherine II** (36), etc. Dix portraits in-8.

> Très belles épreuves.

296. C.-N. Cochin (41). — **P. Corneille** (43). — **Ch.-A. Demoustiers**, 3e et 4e états (45). — **Desaix** et **La Tour d'Auvergne** (46). — **Diderot** (48). — **Du Paty** (52). — **Duveyrier** (53 et 55). — **Fénelon** (57, 58 et 60), etc. Quinze portraits in-8.

> Très belles épreuves.

297. **E.-C. Fréron** (64). — **A. von Kotzebue** (65). — **F.-S. Fournier** (63). — **J.-B. Guil,** deux épreuves dont une à l'eau-forte pure (66). — **L. Gillet** (68). — **Mme de Graffigny** (69). — **L. de Grimaldi** (71). — **Gustave III** (73 et 74). — Président **Hénault** (77), etc. Quinze portraits in-8 et in-4.

> Très belles épreuves.

298. **P. Lassus** (91). — **La Tour d'Auvergne** (92). — **J.-P. Le Bas** (94). — **L. Auguste,** dauphin de France (102). — **J.-B. Marduel** (109). — **Marie Cécile** (111). — Le général **Monnier** (117). — Marquis de **Montmiréal** (119), etc. Douze portraits in-8.

> Très belles épreuves.

299. **F. Le Fort** (95). — **Ch. Le Normant du Coudray** (97). — **J.-F. Marmontel** (110). — **J. Newton** (112). — **E. Parny** (126). — **B. Pascal** (127). Six portraits in-8.

> Très belles épreuves.

300. **Pie VI** (129). — **Piis** (131). — **Mme Roland** (141). — **A. Siccard,** 3e et 4e états (145). — **C.-J. Soret** (146). — **De Saint-Marc** (143). — Comte de **Vergennes** (151). — Saint **Vincent de Paul** (151). — **Mme Legras** (113). — **Ch. Villette** (153). — Série de onze portraits de poètes français (132). Ensemble vingt-cinq portraits in-8.

> Très belles épreuves.

GAULTIER (L.).

301. **Catherine de Bourbon,** sœur unique du Roy. Trois portraits in-8.

> Belles épreuves.

302. **Estrées** (Gabrielle d'), marquise de Monceaux, 1596. In-8.

> Très belle épreuve avec une grande marge. Très rare.

303. **Guise** (Charles de Lorraine, duc de), lieutenant général pour le Roi en Provence. In-8.

> Superbe épreuve. Remargée.

304. **Henri III,** roi de France, dans une bordure ovale sur laquelle on lit : *Henri III D. G. Franc. et Pol. Rex,* elle est entourée de chaque côté de trophées d'armes et de branches d'olivier. In-8.

> Belle épreuve remargée. Très rare.

305. **Henri IV,** roi de France, à mi-corps, tête nue et décoré des ordres du Saint-Esprit et de Saint-Michel, dans une bordure ovale reposant sur une tablette renfermant quatre vers : *Ce grand Roy que tu voys est remply de la grace,* etc. In-8.

> Superbe épreuve avec marge. Très rare de cette qualité.

306. **Henri IV**, à cheval, foulant des trophées d'armes, dans le fond une bataille. Petit in-fol.

Belle épreuve. Remargée.

307. **Joinville** (M. le Prince de), plus tard duc de Guise, surnommé le Balafré, tête nue et tenant son épée à la main, dans une bordure carrée. In-8.

Belle épreuve. Rare.

308. **Lorraine** (Louise de), reine de France. In-8.

Très belle épreuve. Rare.

309. La feue Royne d'Écosse (**Marie Stuart**). — **Marguerite de Valois**. — **Marie de Médicis**, en buste et en pied. Quatre portraits in-8 et in-4.

Belles épreuves.

310. **Nemours** (La duchesse de). In-8.

Très belle épreuve avec marge.

311. **Valois** (Marguerite de), dans une bordure carrée, dans le haut de laquelle on lit : *M. R. de Navarre*. In-8.

Belle épreuve avant la retouche. Toute marge.

312. **Le même personnage** dans une bordure ovale ; dans la marge quatre vers : *Si le pinceau pouvait animer cette image*, etc. In-8.

Très belle et très rare épreuve avant la retouche. Petite marge.

313. **Henri, duc de Montpensier**. — Le **duc de Joyeuse**. — Le duc **d'Espernon**. — Le duc **de Mercœur**. — Le duc de **Mayenne**, cinq portraits in-8.

Belles épreuves. Rares.

314. **J. Amyot**, évêque d'Auxerre. — **Pierre Ayrault**, maire d'Angers. — **César Baronius**, bibliothécaire du Saint-Siège. — **J. Berault**, avocat au Parlement de Rouen. — **Bouchart de Blosseville**. — **Brulart de Sillery**. — **Calvet**, président à Toulouse. Six portraits in-8 et in-4.

Très belles épreuves.

315. **David Chabot**. — **Pierre Charron**. — **J. Chenu**. — **L. Du Chaine**, second président en Provence. — Cardinal **Du Perron**. — **N. Faber**, conseiller du Roy. — **Henri de Gondy**, évêque de Paris, etc. Neuf portraits in-8.

Belles épreuves.

316. **Gamaches**. — **Henri de Gondy**. — **Cl. Fauchet**. — **H. de la Martonie**, évêque de Limoges. — **La Framboisière**. — **P. Masson**. — Card. **d'Ossat**. — **St. Pasquier**. — **Guy du Faur de Pibrac**. — **Th. Sonnet**, docteur en médecine, etc. Quatorze portraits in-8 et in-fol.

Belles épreuves.

317. **P. de Besse**, docteur en théologie. — **Henri de Gondy.** — **Henri de la Martonie.** — **Ant. de Lestang**, président au Parlement de Toulouse. — **M. de L'Hospital.** — **N. de Heere.** — **Saint Louis.** — **J. Renou**, médecin, etc. Quinze portraits in-8 et in-4.

> Belles épreuves.

318. **Duplessis Mornay.** — **Duc de Mayenne.** — Comte de **Soissons.** — **Cardinal de Bourbon**, archevêque de Rouen. — **J. de Villamont**, gentilhomme de la chambre du Roi. — **Duc de Longueville**, gouverneur de la Picardie. Six portraits in-8.

> Belles épreuves.

319. **Henri II**, roi de France. — **Henri III**, roi de France, deux portraits différents. — **Louise de Lorraine**, sa femme. — **Henri de Bourbon**, prince de Condé, enfant, quatre portraits différents. Ensemble huit portraits in-8.

> Belles épreuves.

320. **Henri IV**, roi de France, huit portraits. — **Louis XIII**, deux portraits. Ensemble dix pièces in-8.

> Belles épreuves.

321. Cinquante très petits portraits de personnages illustres faisant partie de la suite connue sous le nom de Chronologie collée.

> Très belles épreuves.

322. Titre du théâtre Géographique du Royaume de France (par Cl. Chastillon), de chaque côté les portraits allégoriques de Henri IV et de Louis XIII; en dessous, dans la tablette, une vue générale de Paris.

> Très belle épreuve, un raccommodage à gauche.

323. Seize titres de livres in-4 et in-fol.

> Très belles épreuves.

GAUTIER ET AUTRES.

324. Bailli **de Suffren.** — **L. de Brienne**, archevêque de Toulouse. — **R. Molé**, de la Comédie-Française. — **P.-J. Dessault**, chirurgien en chef de l'Hôtel-Dieu. Quatre portraits in-4.

> Très belles épreuves.

GHEYN (J. DE).

325. **Tycho-Brahé**, célèbre astronome. In-8.

> Très belle épreuve rémargée. Rare.

326. **Cosme de Médicis.** — **Malatesta.** — **P. de Marnix**, seigneur de Sainte-Aldegonde. — **L'Éolni.** — **Barlius.** — **H. de Bourbon**, prince de **Condé.** Sept portraits in-8.

> Très belles épreuves.

GIBRAY (J.).

327. **Saxe-Cobourg** (Le Prince de), d'après Loutherbourg. In-4.

> Très belle épreuve en couleur.

GOLE (J.).

328. **Jacques III**, roi d'Angleterre. — **Marie**, reine d'Angleterre, sa femme. Deux portraits in-4, gravés à la manière noire, faisant pendants.

> Très belles épreuves avec marges.

GOLTZIUS (H.).

329. **Henri IV**, roi de France (B. 173). In-fol.

> Très belle épreuve.

330. **H. Goltzius**, gravé par Matham. — **J. Boll**, peintre de Malines (161). — **Cath. Decker.** — **Frédéric II**, roi de Danemark, épreuve remargée (165). — **F. d'Egmont**, découpée à l'ovale (168). — **Ph. Galle**, graveur, découpée (170). Six portraits in-4.

> Très belles épreuves.

331. **J. Gols**, père de Goltzius (171). — **Nicquet** (177). — **Guillaume d'Orange**, le Taciturne, découpé à l'ovale (178). — **J. Zurenus** (189). — Petit portrait inconnu (199). Cinq portraits in-12 et in-8.

> Belles épreuves.

GOURMONT (J. DE).

332. **Charles**, cardinal de **Bourbon**, assis dans son cabinet. In-8.

> Très belle épreuve avec une grande marge.

GOZ (G.-B.).

333. **François Ier**, archiduc d'Autriche et empereur des Romains. — **Joseph-Bénédict**, archiduc d'Autriche, enfant. — **Charles-Joseph**, archiduc d'Autriche. — **Pierre-Léopold**, archiduc d'Autriche. Quatre petits portraits in-8, en pied et en buste.

> Très belles épreuves imprimées en couleur. Très rares.

GRANTHOMME (J.).

334. **Charles**, duc de Lorraine. — Cardinal **de Lorraine**. — Duc d'Anjou, etc. Sept portraits in-8.

Belles épreuves.

GRATELOUP (Les).

335. **J.-B. Rousseau.—Dryden.—Napoléon**. Trois portraits in-18.

Très belles épreuves, la première pièce est sans marge.

J. GREUTER. — CH. VAN SICHEM ET AUTRES.

336. **Auguste**, duc de Saxe. — **Philippe**, comte de Hanau. — **P. Hochfelder**. — **J. Habrecht**, horloger de Strasbourg. — **J. Burgi**, mathématicien, etc. Huit portraits in-8 et in-4.

Très belles épreuves.

GUNST (P.).

337. **Louis** de France, le Grand Dauphin. — Le Prince **Eugène** de Savoie. Trois portraits in-fol.

Très belles épreuves.

GUYOT.

338. **Delille**, debout dans un paysage, d'après Fauvel. In-4.

Superbe épreuve, avant toutes lettres, imprimée en couleur. Toute marge.

339. **Léopold II**, archiduc d'Autriche, empereur, et **Marie-Louise**, Infante d'Espagne, sa femme, réunis dans un petit médaillon rond. In-8.

Très belle et rare épreuve imprimée en couleur. Marge.

HABERT (N.).

340. **Bavière** (M^ie A^ne Ch^ne de), épouse du Grand Dauphin. Buste fort comme nature. In-fol.

Très belle épreuve ayant quelques déchirures. Rare.

341. **Marie-Louise d'Orléans**, reine d'Espagne, buste fort comme nature. In-fol.

Très belle épreuve. Rare.

HALBEECK.

342. **Louis XIII** roi de France, enfant, sur un cheval caparaçonné (1610). In-8.
   Très belle épreuve. Rare.

HALBEECK ET QUADO.

343. **Henri IV** à cheval. — Le **même roi** n'étant encore que roi de Navarre. Deux portraits grand in-4.
   Belles épreuves.

HENRIQUEZ (L.).

344. L^{se} M^{ie} A^{de} **de Bourbon**, duchesse de **Chartres**, d'après Duplessis. — L^{se} J^{ie} **de Nesle**, comtesse de **Mailly**, d'après Nattier. Deux portraits in-fol.
   Belles épreuves.

HOLLAR (W.).

345. **Charles Ier**, en ovale, d'après A. Van Dyck (P. 1432).
   Superbe épreuve.

346. **Henri VIII. — J. Seymour. — Henriette** d'Angleterre. — **Charles II. — Maurice de Nassau. — Aretin. — V. Colonna.** — Publication de la paix devant l'hôtel de ville d'Anvers, etc. Quatorze pièces, in-8 et in-4.
   Belles épreuves.

HONDIUS (W.).

347. **Élisabeth**, reine d'Angleterre, jeune, 1632. In-fol.
   Très belle épreuve. Rare,

348. **Marie de Médicis,** reine de France, 1628. In-fol.
   Très belle épreuve.

HORTHEMELS (M.).

349. **F. Gaultier,** agent du Roi à la cour de la Grande-Bretagne. — **Jacques III,** roi d'Angleterre. — Le cardinal de **Polignac.** — **H. de Thiard,** évêque de Meaux. — **E. H. de Cossé-Brissac,** abbé de Fondroide. Cinq portraits, in-fol.
   Très belles épreuves.

HOULRAKEN (J.).

350. **Pierre le Grand**, Empereur de Russie. Grand in-fol. ——
  Très belle épreuve avec marge.

HOUEL (J.).

351. **Seroux d'Agincourt** (Mme), vue de profil dans un petit médaillon ovale entouré de draperies.
  Très belle épreuve.

HOUSTON (R.).

352. **Georges III**, roi de la Grande-Bretagne. — La Reine **Charlotte**, sa femme. Deux portraits in-fol., faisant pendants, gravés à la manière noire d'après Zoffany, 1771.
  Très belles épreuves.

HUBER (S.-J.).

353. **Oligny** (Mlle d') de la Comédie-Française, d'après M. Vanloo. In-fol.
  Très belle épreuve avec marge.

HUMBELOT.

354. **Nompar de Caumont la Force**, maréchal de France, à cheval. — Le R^d Père **Yves de la Croix**, cordelier. — Le comte d'**Harcourt**, maréchal de France. — **V. Le Borgne**, comte de **Kerveguent**. Quatre portraits, in-fol.
  Très belles épreuves. Rares.

HURET (G.).

355. **Marguerite de Montmorency**, duchesse de Levis-Ventadour. In-4.
  Très belle épreuve. Très rare.

356. **Louis de Bourbon**, comte de **Soissons**. In-fol.
  Très belle et rare épreuve avant la lettre.

357. **Bertier**, premier président au Parlement de Toulouse. — **F. Borommée**. — Le Prince de **Conti**. — **F. Fouquet**, évêque de Bayonne. — Le maréchal **de Toyras**, etc. Sept pièces in-4 et in-fol.
  Très belles épreuves.

INGRES.

358. **Pressigny** (G. Courtois de), archevêque de Rennes, ambassadeur de France à Rome en 1816. In-fol.

Très belle épreuve coloriée. Excessivement rare.

ISAAC (G.).

359. **Ch. C. de La Tremouille,** princesse douairière de Condé. — **M. de Castellan,** seigneur de Mauvissière. — **Laubardière.** — **Christophe,** prince de Portugal. — **Maurice,** landgrave de Hesse. — **N. Bénard.** Dix portraits in-8.

Très belles épreuves.

G. ISAAC et C. AUDRAN.

360. **Cl. Marbeuf,** premier président du Parlement de Rennes. — **Guy Patin.** — **N. Mauroy,** seigneur de Saint-Ouen. — **Nostradamus.** — Henry II de Bourbon, prince de **Condé.** — **G. J. B. de Renty.** — **F. A. Millet,** etc. Seize portraits in-8, in-4 et in-fol.

Très belles épreuves.

. KLAUBER (J.).

361. **Stroganoff** (J.), grand chambellan de S. M. l'Empereur de Russie et président de l'Académie des beaux-arts, d'après F. Lampi. In-fol.

Très belle épreuve.

LA LIVE DE JULLY.

362. **Son portrait,** gravé à l'eau-forte par lui-même d'après H. Rigaud. In-fol.

Très belle épreuve. Rare.

363. **Letine** (Mᵐᵉ), belle-mère de M. de la Live, d'après Bernard. In-fol.

Très belle épreuve d'un des plus charmants portraits du xviiiᵉ siècle, gravé bien certainement par A. de Saint-Aubin ; elle est rognée de chaque côté.

LARMESSIN (N. DE) LE VIEUX.

364. **La Vallière** (Lˢᵉ Fˢᵉ de la Baume Le Blanc, duchesse de), en costume d'apparat et tenant une pomme à la main. In-fol.

Superbe épreuve du 1ᵉʳ état, avant que la partie inférieure du lion, que l'on voit dans les armoiries, ait été couverte de travaux, et ne soit devenue noire ; une légère déchirure à gauche. Très rare.

LARMESSIN (N. DE).

365. **Stanislas**, roi de Pologne. — **Catherine Opalinska**, reine de Pologne, sa femme. Deux portraits en pied, faisant pendants, gravés d'après Vanloo.

> Très belles épreuves.

366. **Louis XV**, roi de France. — **Marie**, princesse de Pologne, reine de France. Deux portraits en pied, in-fol., faisant pendants, gravés d'après Vanloo.

> Superbes épreuves avec toutes leurs marges.

367. **G. Coustou, sculpteur.** — **Ph. de Lamet**, docteur en théologie. — **Louis XV** à cheval. — **W. de Lowendal**, maréchal de France. — **A. de Vignacourt**, grand maître de Malte. Cinq portraits in-fol.

> Très belles épreuves.

LASNE (M.).

368. **Son portrait** gravé par Habert. In-4.

> Très belle épreuve avec marge.

369. **Anne d'Autriche**, reine de France, jeune, en buste et vue de face, en riche costume de cour, 1632. In-fol.

> Très belle épreuve. Rare.

370. La même estampe, datée de 1637.

> Très belle épreuve. La tête a été retouchée et rendue un peu plus âgée.

371. **Anne d'Autriche**, en costume de veuve. Cinq portraits in-4 et in-fol.

> Très belles épreuves.

372. **Louis XIII**, roi de France, 1632. In-fol.

> Très belle épreuve.

373. **Louis XIII.** — **Anne d'Autriche.** — **Louis XIV** enfant. Neuf portraits in-4 et in-fol.

> Très belles épreuves.

374. **Albret** (H. d'), sieur de Cadenet, duc **de Chaulnes**, médaillon entouré de figures allégoriques et de trophées d'armes. In-fol.

> Très belle épreuve. Rare.

375. **Balzac** (J. L. Guez de), âgé de 39 ans. In-8.

> Très belle épreuve. Rare.

376. **Bassompierre** (F. de), maréchal de France. In-8.

> Très belle épreuve. Rare.

577. **Beringhen** (H. de), premier écuyer du Roi. In-fol.
Très belle épreuve.

378. **Corneille** (Pierre), célèbre poète tragique, 1643. In-fol.
Très belle épreuve, remargée. Très rare.

379. **Corneille** (Pierre), 1644. In-18.
Belle épreuve, remargée. Rare.

380. **Colligny** (Gaspard III, comte de), seigneur de Châtillon, maréchal de France. In-fol.
Très belle épreuve.

381. **Créquy** (Ch., sire de) et de Canaples, duc de Lesdiguières, maréchal de France. In-fol.
Très belle épreuve.

382. **Espernon** (J. L. de la Vallette, duc d'), colonel général de l'Infanterie française, gouverneur de Metz, etc. In-fol.
Très belle épreuve.

383. **J. F. de Gondy**, archevêque de Paris, deux épreuves dont l'une est avant les vers. — **P. de Gondy**, coadjuteur de Paris, depuis cardinal de Retz, deux portraits. Ensemble quatre portraits in-8 et in-fol.
Très belles épreuves.

384. **Gustave-Adolphe**, roi de Suède. In-fol.
Très belle épreuve. Rare.

385. **F. Harlay de Chanvallon**, archevêque de Rouen, abbé de St-Victor de Paris. — **F. Harlay de Chanvallon**, archevêque de Rouen, puis archevêque de Paris, deux épreuves, dont l'une est avant la lettre. Ensemble trois portraits in-fol.
Très belles épreuves.

386. **Henri II de Bourbon**, prince de Condé. — **Louis II de Bourbon**, prince **de Condé**, trois portraits différents. — Le duc **d'Enghien**. Ensemble cinq portraits. In-fol.
Très belles épreuves.

387. Portrait d'un Israélite, fameux chirurgien né à Metz et mort à Paris en 1648. In-fol.
Très belle épreuve. Rare.

388. **Jabach** (E.), célèbre amateur de tableaux et de dessins. In-fol.
Très belle épreuve. Rare.

389. **Le Tellier** (M.), chancelier de France, quatre portraits, in-fol.
Très belles épreuves.

390. **Mazarin** (Cardinal J. de). ministre d'État, quatre portraits in-fol.
Très belles épreuves.

391. **J.-J. de Mesmes**, 12e du nom, conseiller au Parlement de Paris, deux portraits. — **H. de Mesmes**, fils du précédent, lieutenant civil et prevost des Marchands, deux épreuves. Ensemble quatre portraits in-fol.

> Très belles épreuves.

392. **Molé** (Mathieu), garde des sceaux. In-fol.

> Deux épreuves, dont l'une, très belle, est avant la lettre.

393. **Neufville** (Ch. de), marquis de Villeroy, etc., gouverneur de la ville de Lyon, pays du Lyonais, Foretz et Beauiollois, à cheval, à Lyon 1624. In-fol.

> Très belle épreuve. Rare.

394. **Rabelais** (F.), curé de Meudon, docteur en médecine. In-fol.

> Très belle épreuve. Rare.

395. **Richelieu** (J.-A. Duplessis, cardinal de), huit portraits in-4 et in-fol.

> Très belles épreuves.

396. **Rochefoucault** (F. de La), évêque de Clermont, puis de Senlis, grand aumônier de France. Trois portraits in-fol.

> Très belles épreuves.

397. **Saint-Hilaire** (N. de), porte-arquebuse du Roi. In-fol.

> Très belle épreuve. Rare.

398. **Toyras** (J. de St Bonnet, seigneur de), maréchal de France. In-fol.

> Très belle épreuve.

399. Le Duc **d'Arpajon**, ambassadeur en Pologne. — **G. de Laubespine**, évêque d'Orléans. — La Rde mère **F. de Bertellier**. — **N. de Bailleul**, premier président du Parlement de Paris, deux portraits. Ensemble six portraits in-fol.

> Très belles épreuves.

490. **Ch. Bernard**, Parisien. — Le Cardinal de **Berulle**. — **Ch. de Bourlon** de Paris, évêque de Soissons. — **C. de Broc**, évêque d'Auxerre — **Th. de Bragelogne**, conseiller au Parlement de Paris, etc. Quinze portraits in-8 et in-fol.

> Très belles épreuves.

401. **N. Brulart de Sillery**, chancelier de France. — **H. de Chaponay**, lieutenant général à Lyon. — **L. Bouthilier**, comte de Chavigny, ministre et secrétaire d'État. — **J. Callot**. — Charles, sire de **Créquy** et de **Canaples**, etc. Onze portraits in-4 et in-fol.

> Très belles épreuves.

402. **S. Dessy**, capucin. — **H. de Sponde**, évêque de Paniers. —
403. **Strozze**, peintre. — **Th. de Trébiano**, capucin, deux

épreuves, dont une avant la lettre. — **Omer Talon**, avocat général. — **J. Tubeuf**, président de la Chambre des comptes, deux portraits, etc. Ensemble dix portraits in-8 et in-fol.

Très belles épreuves.

403. **M. Ferrand**, conseiller du Roi. — **M. Hébert**, archevêque de Bourges. — Le Cardinal **Grimaldi**, prélat qui sacra Louis XIV à Reims. — **M. du Halgoet**, conseiller au Parlement de Bretagne, etc. Douze portraits in-8 et in-fol.

Très belles épreuves.

404. **J.-B. Gault**, évêque de Marseille. — **Hardy**, Parisien. — Le frère **Ange de Joyeuse**. — **F. du Halegoet**. — **P. de Hardivillier**, archevêque de Bourges. — Le seigneur **de Kergroades**. — **Ch. de Lorraine**, duc de Guise, gouverneur de Provence, etc. Douze portraits in-4 et in-fol.

Très belles épreuves.

405. **Isaac de Laffemas**, lieutenant civil en la ville de Paris. — **F. de Bonne**, duc **de Lesdiguières**. — Le **Barbier**, maître d'hôtel du Roi, deux épreuves, dont une est avant toutes lettres. — Maréchal **de L'Hospital**. — **Ant. de Loménie**, secrétaire d'État. **Marescot**, médecin, etc. Vingt-deux portraits in-8 et in-4.

Très belles épreuves.

406. **Cath. de Montholon**. — **M. de Marillac**, chancelier. — Maréchal de **Marillac**. — **Cl. Mollet**, jardinier du Roi. — **J. de Montaigu**, grand prieur de Toulouse. — **H. de Montmorency**, maréchal de France. — **S. de Muis**, professeur en langue hébraïque. — **H. de Savoye**, duc de Nemours. Quatorze portraits in-4 et in-fol.

Très belles épreuves.

407. **P. Du Moulin**, ministre calviniste. — **S. Durand**. — **J. Ch. Doria**, doge de Gênes. — **J. Doublet**, prêtre de Saint-Denis. — **Dupleix**, historiographe de France. — **Des Hameaux**, ambassadeur à Venise. — **And. Duval**, doyen de la Faculté de Paris, etc. Douze portraits in-4 et in-fol.

Très belles épreuves.

408. **Nicéron**, fameux mathématicien. — **P. Nivelle**, évêque de Langres. — **Planis Campy**, chirurgien du roi. — Saint **François de Paule**. — **N. Richelet**, Parisien. — **Regnauldin de Bereu**. — **J. Riolan**, docteur en médecine, etc. Dix-neufs portraits in-4 et in-fol.

Très belles épreuves.

409. **Ch. Sorel**, historiographe. — **P. Séguier**, chancelier, deux portraits. — **D. Séguier**, doyen de l'Église de Paris, deux portraits. — **Abel Servien**, surintendant des finances. Ensemble sept portraits in-4 et in-fol.

410. **M. Tubeuf**, évêque de Saint-Pons. — **M. Tremblet**, sculpteur, — **N. de Verdun**, premier président du parlement de Paris. — **N. Ysambert**, docteur en Sorbonne. — Différents titres, etc. Quatorze portraits in-8 et in-fol.

> Très belles épreuves.

LAUTENSACK (H.-J.)

411. Portrait d'homme à mi-corps (B. 9.).

> Belle épreuve.

LE BAS (J.-P.)

412. **Dangeville** (Mlle) la jeune, d'après Pater. In-fol.

> Très belle épreuve tirée avant que la tête ait été agrandie.

LE BEAU.

413. **Louis XV.** — **M^{ie} Leckzinska.** — **M^{ie} Louise de France.** — **Mme Du Barry.** — **Duc de Choiseul.** — Comte de **Cossé.** — **Mlle Desbrosses.** — **Mme Dugazon.** — **Mlle Duthé.** — L'abbé **Terray.** — **Turgot.** — Duc de **La Vrillière.** Douze portraits in-8.

> Très belles épreuves ayant, moins une pièce, toutes leurs marges.

LE BLOND (J.).

414. **Fleury** (A.-H. de), cardinal, ministre d'État, buste fort comme nature. Grand in-fol.

> Très belle épreuve imprimée en couleur. De la plus grande rareté.

LE BLOND (à Paris, chez).

415. **Marie**, princesse de **Montbazon**. In-4.

> Très belle épreuve. Rare.

LE BRUN (d'après Mme) et DRELIN.

415 *bis*. **Louis XVI.** — **Marie-Antoinette.** Deux portraits in-4, faisant pendants, gravés par Sergent et Alix.

> Très belles épreuves imprimées en couleur. Très rares.

LE CLERC excudit.

416. Estrées (Gabrielle d'), duchesse de Beaufort. In-8.

Très belle épreuve avec une grande marge. Très rare.

LENFANT (J.)

417. Baudran (Ét.), substitut de la Cour des aides, d'après J. Dieu. In-fol.

Deux épreuves, dont l'une, très belle, est avant l'inscription dans la banderole.

418. Brion (J. de), marquis de Combronne, conseiller au Parlement de Paris. In-fol.

Deux épreuves, dont l'une, superbe, est avant la lettre et avant les médaillons dans les angles.

419. Dauvet (N.), comte des Marets, grand fauconnier de France. In-fol.

Très belle épreuve avant la lettre. Rare.

420. Favré (J.), prédicateur du Roi, évêque d'Amiens. In-fol.

Deux épreuves, dont l'une très belle et très rare est avant de nombreux changements et de nombreux travaux, notamment avant la tablette et avant que la bordure blanche, dans cet état, eût été remplacée par une bordure en feuilles de chêne.

421. Laval (H. de), Bois-Dauphin, évêque de la Rochelle. In-fol.

Deux épreuves, dont l'une, superbe, est avant la dédicace à M. Grelland de la Martinière.

422. B. Phelypeaux, marquis de **Châteauneuf,** secrétaire d'État. —**J. de Souvré.** chevalier de Malte, grand prieur de France, dont le tombeau est à Saint-Jean de Latran de Paris. Deux portraits in-fol.

Très belles épreuves.

423. F. d'Aligre, abbé de Saint-Jacques de Provins. — **F. d'Auvergne,** Parisien et professeur de langue arabe. — **Ét. Baudrand.** — **N. Blasset,** architecte et sculpteur. — **A. de Biscaras,** évêque de Digne. Cinq portraits in-fol.

Très belles épreuves.

424. J. d'Auvergne, Parisien. — Cardinal **de Bonzy,** évêque de Béziers. — **L. Boucherat,** garde des sceaux. — **Cl. de la Bernichère,** de la Corbière, chanoine de Paris. — **Consebans,** de Harlem, député de Hollande. Cinq portraits in-fol.

Très belles épreuves.

425. Cardinal **de Bonzy. — **P. du Cambout de Coislin,** aumônier du roi. — **Dufresne de la Pippardière,** avocat à Rouen. —

Ch. Deciour, président au Parlement. — **H. de Daillon**, comte **du Lude**, gouverneur de Saint-Germain en Laye. Six portraits in-fol.

Très belles épreuves.

426. **J.-B. de Contes**, doyen de l'église de Paris. — **Darly**, banquier et m^d de soieries à Lyon. — **J. Forcoal**, évêque de Séez. **J. de Gallard**, président de l'élection d'Abbeville. — **J.-B. d'Hervilly**, seigneur de Beaumont. Cinq portraits in-fol.

Très belles épreuves.

427. **F. de Harlay**, archevêque de Rouen. — **Cl. Jegou**, président à Rennes. — **J. de La Mothe-Houdancourt**, commandeur de Malte. — **J. Le Maistre**, président en la quatrième chambre des enquêtes. Quatre portraits in-fol.

Très belles épreuves.

428. **L.-H. de Loménie de Brienne**. — L'abbé **Lescot**, chanoine de Notre-Dame de Paris. — **G. Le Maistre**. — **A. de Marillac**. — **G. de Libon**, intendant de la maison d'Elbeuf. — **L. de Machault**, conseiller clerc au Parlement de Paris. — **M. Le Masle**. Sept portraits in-fol.

Très belles épreuves.

429. **M. de Marillac**, avocat. — **L. de Matignon**, évêque de Lisieux. — **Doux de Melleville**, doyen d'Évreux. — **G. de Rochechouart**. — **A. de Pajot**, premier intendant en la cour des Monnaies. — **P. Poncet**. — **G. de Rochechouart**, évêque d'Arras. — **P. Rouillé**. — **F. du Tillet**. Neuf portraits in-fol.

Très belles épreuves.

LEPICIÉ (B.).

430. **N. Bertin**, peintre. — **P. Grassin**, conseiller du Roi. — **G. Bœmeln**. — **P. Orry**, contrôleur g^{al} des finances. — **Richer de la Morlière**. Cinq portraits in-fol.

Très belles épreuves.

431. **Charlotte Desmares** et **Catherine de Seine**, actrices de la Comédie-Française. — **L. de Boullogne**, peintre. — **Ph. Orry**, contrôleur général des finances. Quatre portraits in-fol.

Très belles épreuves.

LEVASSEUR (J.-Ch.).

432. **Son portrait** d'après Greuze. In-fol.

Superbe et rare épreuve avant toutes lettres. Marge.

LEU (Th. de).

433. **Argentré** (Bertrand d'), président au siège de sénéchal de Rennes. In-8. (G. D. 300).

Très belle épreuve du 1er état : avant les rides sur le front et le texte au verso. Marge.

434. **Bar** (Henri de Lorraine, duc de), marquis du Pont. In-4 (307).

Superbe épreuve du 1er état : avant divers travaux sur le visage. Remargée.

435. **Bar** (Catherine de Bourbon, duchesse de), sœur de Henri IV. In-4 (311).

Magnifique épreuve du 1er état : avant la retouche et avant que la tablette ait été gravée. Toute marge. Excessivement rare de cette qualité.

436. **Beaugrand** (J. de), maître à écrire, bibliothécaire et lecteur du Roi, d'après P. Dumoustier. In-8 (313).

Superbe et très rare épreuve du 1er état : avant toutes lettres. Grande marge.

437. **Biron** (Charles de Gontaut, duc de), maréchal de France (317). — **Le même personnage**, gravé une seconde fois, la tête un peu plus forte (318). Deux portraits in-8.

Très belles épreuves avant les retouches. Grandes marges.

438. **Bodin** (A.), littérateur (319). In-12.

Très belle épreuve remargée. Rare.

439. **Bourbon** (Charles II, cardinal de), proclamé roi pendant la Ligue sous le nom de Charles X. In-8 (321).

Deux épreuves, dont l'une, très belle, est remargée.

440. **Boursier** (Louise Bourgeois, femme du Sr), sage-femme (324). In-8.

Deux épreuves, dont l'une, très belle, est avant la retouche.

441. **Capel** (Ange), sieur du Luat, secrétaire de la chambre du Roi. In-4 (329).

Très belle épreuve. Rare.

442. **H. de Lorraine**, comte de **Chaligny** (335). — **Henri de Bourbon**, prince **de Condé** enfant, monté sur un cheval caparaçonné (343). Deux portraits in-8.

Belles épreuves.

443. **Conti** (François de Bourbon, prince de). In-8 (347).

Très belle épreuve avec marge.

444. **Conti** (Jeanne de Coesme, princesse de). In-8 (350).

Très belle épreuve du 1er état : avant la correction au mot *Coesme*. Remargée.

445. Conti (Louise de Lorraine, princesse de). In-8 (352).
> Très belle épreuve. Remargée.

446. Draeck (F. de), navigateur anglais (354), plus une épreuve de la copie éditée chez Paul de la Houve. Deux portraits in-8.
> Très belles épreuves. Rares.

447. Élisabeth, reine d'Angleterre. In-8 (358).
> Très belle et très rare épreuve d'un 1er état non décrit : avant l'inscription sur la bordure; la marge inférieure manque.

448. Estrées (Gabrielle d') marquise de Monceaux et duchesse de Beaufort, dans un encadrement dont les angles sont garnis de branches de laurier. In-8 (361).
> Magnifique épreuve du plus joli et du plus authentique portrait de la célèbre marquise; marge. Excessivement rare de cette qualité.

449. Le même personnage, dans une bordure carrée au bas de laquelle on lit : *Gabrielle Destrez, marquise de Monceaux.* Charmant petit portrait in-12, très finement gravé (367).
> Superbe épreuve remargée. Très rare.

450. Enghien (Jean de Bourbon, comte d'). Pièce anonyme. In-8 (362).
> Très belle épreuve. Remargée.

451. Expilly (Claude), président au Parlement de Grenoble et poète. In-8 (368).
> Très belle épreuve. Remargée.

452. François II, roi de France. In-8 (373).
> Très belle épreuve du 1er état : avant la retouche.

453. Gondi (Pierre de), grand aumônier, évêque de Langres, puis de Paris, et cardinal. In-12 (375).
> Très belle épreuve. Remargée.

454. Guise (Henri de Lorraine, duc de), grand maître de France, surnommé le Balafré. In-8 (381).
> Trois épreuves dont l'une, belle, est du 1er état.

455. Habicot (Nicolas), médecin à Paris. In-8 (384).
> Très belles épreuves du 1er état : avant l'adresse de Mariette. Grande marge.

456. Henri II, roi de France. In-8 (387).
> Très belle épreuve du 1er état : avant toutes retouches.

457. Henri IV, vêtu de son armure sur laquelle passe l'écharpe blanche. In-8 (399).
> Très belle épreuve. Remargée.

458. Henri IV, vu à mi-corps, tête nue; il est en costume de cour et décoré des ordres du Saint-Esprit et de Saint-Michel. In-8 (401).
> Très belle épreuve. Remargée.

459. **Henri IV**, deux portraits (401 et 402). — **Jacques Ier**, roi d'Angleterre (421). Ensemble trois portraits in-8.

Belles épreuves.

460. **Henri IV**, couronne en tête et vêtu du manteau royal. In-8 (403).

Superbe épreuve. Remargée.

461. **Henri IV**. Buste lauré, vêtu d'une armure. In-8 (410).

Superbe épreuve.

462. **Henri IV** vêtu des habits royaux, il est assis sur le trône et tient dans ses mains le sceptre et la main de justice. In-fol. (415).

Très belle épreuve du 1er état : avant le texte au verso. Grande marge.

463. **Henri IV**, à cheval, le fond offre la vue d'une bataille. In-8 (417).

Belle épreuve avec marge.

464. **Henri IV**, en cuirasse, dans une bordure ovale entourée de figures allégoriques. In-4, en largeur (418).

Très belle épreuve. Remargée.

465. **Joyeuse** (Anne duc de), pair et amiral de France. In-8 (424).

Deux épreuves dont l'une belle et ayant toute sa marge est avant la retouche.

466. **Jeanne d'Albret**, reine de Navarre. In-8 (422).

Très belle épreuve avant la retouche. Grande marge.

467. **Lesdiguières** (François de Bonne, duc de), maréchal et connétable de France. In-8 (436).

Superbe épreuve. Remargée.

468. Le même personnage. In-18 (438).

Très belle épreuve. Remargée.

469. **Lorraine** (Charles, duc de). In-8 (439).

Superbe et très rare épreuve du 1er état : avant toutes lettres et avant l'inscription sur la bordure. Remargée.

470. **Lorraine** (Louise de), sœur cadette de la reine Louise, femme de Henri III. In-8 (441).

Très belle épreuve. Remargée.

471. **Louis XIII**, roi de France, enfant. Petit in-4 (443).

Très belle épreuve, tachée et manquant de conservation.

472. **Luillier** (J.), prévost des marchands de Paris (447). In-8.

Superbe épreuve avant les vers dans la marge inférieure.

473. **Maine** (Charles de Lorraine, duc du) Mayenne. In-8 (448).

Belle épreuve avant la retouche. Rare.

474. **Marguerite de Valois**, reine de Navarre, vue en buste et de trois quarts à gauche, dans une bordure ovale sur laquelle on lit : *Marguerite de Valois royne de Navarre;* dans la marge les quatre vers suivants :

> *Si le pinceau pouvait animer cette image*
> *De la plus belle* REINE *et d'esprit et de corps*
> *Celui qui la verroit il confesseroit lors*
> *Qu'il n'y a rien d'humain en ce divin ouvrage*

Pièce in-8, très rare, non complètement décrite (449).

Belle épreuve.

475. **Marie de Médicis**, reine de France. In-8 (451).

Superbe épreuve du 1er état : avant toute retouche, petite marge. Excessivement rare de cette qualité.

476. **Marie de Médicis**, à mi-corps et regardant de face, dans une bordure ovale dont les angles sont garnis de fleurs. In-4 (454).

Belle épreuve, manque un peu de conservation.

477. **Marie-Stuart**, reine d'Écosse (457). In-8.

Deux épreuves dont l'une, belle et remargée, est du 1er état : avant toutes retouches.

478. **Montmorency** (Henri Ier du nom, duc de), connétable de France (462) In-8.

Belle épreuve avec marge.

479. **Montmorency** (Louise de Budos, duchesse de) (463). In-8.

Très belle épreuve avec toute sa marge.

480. **Montpensier** (Henri de Bourbon, duc de), pair de France (464). In-8

Superbe épreuve. Remargée.

481. **Murat** (Antoine de), conseiller au Parlement de Paris (465). In-8.

Très belle épreuve.

482. **Nemours** (Henri de Savoye, duc de) (466). In-8.

Superbe épreuve avec marge. Très rare de cette qualité.

483. **Passerat** (S.), professeur royal d'éloquence à Paris (473). — **Pigray** (de), premier chirurgien du roi Henri IV (475). Deux portraits in-8.

Très belles épreuves. la dernière pièce est du 1er état : avant la date 1608.

484. **Rouillard** (Sébastien), de Melun, avocat au Parlement, 1610 (483) In-8.

Très belle épreuve avant toutes lettres ; elle est remargée et manque un peu de conservation. Excessivement rare.

485. **Savoie** (Charles-Emmanuel, duc de) (484). In-8.

Superbe épreuve. Remargée.

486. **Servin** (Louis), avocat général au Parlement de Paris et conseiller d'État (486). In-8.

> Deux très belles épreuves, la première est du 1er des quatre états décrits : avant les noms et qualités du personnage, la seconde est du 2e état : avec les noms du personnage, mais avant l'adresse de Mariette.

487. **Soissons** (Charles de Bourbon, comte de) (487). In-8.

> Très belle épreuve avec une grande marge.

488. **Sorbin de Sainte-Foy** (Arnaud), évêque de Nevers (490). In-8.
> Superbe épreuve.

489. **Strozzi** (Philippe), colonel-général de l'Infanterie (491). In-18.
> Très belle épreuve avec marge.

490. **Vendôme** (César, duc de), fils légitime de Henri IV et de Gabrielle d'Estrées, âgé de 5 ans, en demi-corps de trois quarts et tourné à droite (498). In-8.
> Belle épreuve. Rare.

491. **Le même personnage** enfant, représenté en pied, debout dans une chambre, tenant un oiseau sur sa main droite et s'appuyant de l'autre sur une table. In-8 (499).
> Très belle épreuve avec une grande marge.

492. **Villars** (Jérôme de), archevêque et comte de Vienne. In-8, 503.
> Superbe épreuve avec marge. Rare de cette qualité.

493. Le duc **d'Anjou** (296). — **Ant. de Bourbon** (298). — **Arl**is de **Scudalpis**, médecin (301). — **P. Ayrail** (304). — **M**is du Pont (307). — **Cath. de Bourbon** (309). — **J. de Beaugrand** (312). — Card. de **Birague** (316). — **M**al de **Biron** (317). — **Con**ble de **Bourbon** (223). — **P. de Brach** (326). — **Caron** (330). — **N. de Castelnau** (331). — **Cath. de Médicis** (333). — **P**ce de **Condé** (342). — Quinze portraits in-4.
> Belles épreuves.

494. Duc **d'Anjou** (296). — **Sculdalpis** (301). — **M**is du **Pont** (306). — **Con**ble de **Bourbon** (323). — **B. Brisson** (327). — **Charles IX** (338). — **P**ce de **Condé** (342, 344 et 345). — La reine **Éléonore** (357). — La reine **Élisabeth** (358). — La reine **Élisabeth** (359). — Duc **d'Épernon** (363). Quinze portraits in-8.
> Belles épreuves.

495. **Charles IX** (338). — Prince de **Conty** (347). — **P. du Moulin**, ministre calviniste à Paris (356). — La reine **Éléonore** (357). — Comte **d'Enghien** (362). — Le **Dauphin** (371). — **François I**er (372). — **François II** (373). — **Ch. de Guise** (377). — Cardinal **de Guise** (382 et 383). — **Habicot** (384). — **Henri II** (387). — **Henri III** (392 et 393). — **Hervé Gentien** (419). — **H. de Laval** (431). — **Gui de Lavaur** (432). — **G. Le Blanc** (433). Dix-sept portraits in-8.
> Belles épreuves.

496. **Catherine de Médicis** (332). — **Marguerite de Lorraine, duchesse de Joyeuse** (425). — **Charles**, duc de Lorraine (439). — **Louise de Lorraine** (446). — **Marie de Médicis** (455). Cinq portraits in-8.

> Belles épreuves.

497. Duc de Mercœur (458), deux épreuves. — Le même personnage (459). — Le même personnage (460). — **M. de Montaigne** (461), deux épreuves. Ensemble six portraits in-8.

> Belles épreuves.

498. **Henri III** (393). — **Le Gangneur** (434). — D^sse de **Montmorency** (463). — Duc de **Nevers** (468 et 469). — **M. Papillon** (471). — **Et. Pasquier** (472). — **Passerat** (473). — **Philippe II** (474). — Comte de **Soissons** (489). — **P. de Thyard** (496). — M^se de **Verneuil** (501). — **Bl. de Vigenère** (502). — Card^al de **Vendôme** (505). Quatorze portraits in-8.

> Belles épreuves.

499. Saint **Ignace de Loyola**, arrivé par des degrés jusqu'à J. Christ, cloué sur la croix, embrasse le Sauveur (65). — Une femme agenouillée remettant à **Henri IV** debout un livre ouvert, on lit au haut de la planche : Stances dédicatoires (101). Deux pièces.

> Très belles épreuves.

LEU? (Th. de).

500. **Aumale** (Charles de Lorraine, duc d'). In-8.

> Très belle épreuve.

501. « **Henry de Bourbon, Roy de Navarre** », en buste, tête nue, et vêtu d'une cuirasse, dans une bordure ovale sur laquelle on lit l'inscription rapportée plus haut. In-8.

> Superbe épreuve découpée à l'ovale.

502. **Henri IV**, en buste, vêtu d'une cuirasse sur laquelle passe l'écharpe blanche qui flotte derrière son dos ; il est nu-tête et vu de face dans une bordure ovale équarrie, sur laquelle on lit : *Henri IIII, roy de France et de Navarre.* In-8.

> Très belle épreuve. Remargée.

503. **Henri IV** en buste, cuirassé, une écharpe flottante sur le dos passe sur sa poitrine ; il est vu de trois quarts regardant de face, dans une bordure ovale sur laquelle on lit : *Henricus 4 D. G. Francorum et Navar Rex* (64). In-8.

> Belle épreuve avec une grande marge.

504. **Henri IV**, en buste, vêtu d'une armure sur laquelle passe l'écharpe blanche fleurdelisée. Il est tête nue et regarde de

face, dans une bordure ovale sur laquelle on lit : *Henry IIII
de ce nom Roy de France et de Navarre*. Ce portrait est posé
sur une tablette où se voit la carte de la Navarre ; dans les
angles du haut, deux Amours tenant une couronne d'olivier ;
dans ceux du bas, deux guerriers enchaînés. Très belle pièce.

> Très belle épreuve. Remargée.

505. **Rouillard** (Sébastien), avocat au Parlement de Paris, à mi-corps,
dans une bordure ovale sur laquelle on lit : *Sebastianus Rol-
landus Melodunensis iurisconsultus*. En bas, dans la marge,
deux vers commençant par ces mots : *Exteriora meæ pla-
ceant*, etc. In-8.

> Belle épreuve avant la date 1609. Remargée.

LITTRET DE MONTIGNY (Cl.-A.).

506. **Ant. de Malvin de Montazet**, archevêque et comte de Lyon,
d'après M. Vanloo. In-fol.

> Deux épreuves, dont l'une, très belle et très rare, est avant toutes
> lettres.

LOCHON (R.).

507. **J. d'Alibert**, conseiller au Parlement de Metz. — **L. Doni
d'Attichi**, évêque d'Autun. — **De Villemontée**, évêque de
Saint-Malo. Trois portraits in-fol.

> Très belles épreuves.

LOMBART (P.).

508. **Arnauld** (Henri), évêque d'Angers. In-fol.

> Superbe épreuve. Rare.

509. **Gramont** (Ant., duc de), maréchal de France, d'après W. Vaillant. In-fol.

> Superbe épreuve.

510. **L. de Harouys**, seigneur de la Seilleraye. — **P. de Launay**,
conseiller d'État. — **Ch.-Louis**, duc de **Mecklembourg**.
Trois portraits in-fol.

> Très belles épreuves.

511. **E. Maurice de Savoye**, comte de **Soissons**, colonel-général
des Suisses. — **Charles**, duc de **Vieuville**, gouverneur de
M. le duc de Chartres. Deux portraits in-fol.

> Très belles épreuves.

312. **M. Amyrault**, calviniste. — **J. de Caulet**, président au Parlement de Toulouse. — **G. Chassebras**, conseiller en la cour des Monnaies. — **J. Daillé**, ministre calviniste à Charenton. — **J. de Castille**, marquis de Montjeu. — **Th. Morant**, maître des requêtes. Six portraits in-4 et in-fol.

Très belles épreuves.

313. **J. Nevelet**, conseiller au Parlement. — **P. Pitau**, conseiller au Parlement. — **P. de la Serre**, historiographe. — **Ph. de Savoye**. — **A. de Servien**, abbé de Saint-Jouin. — **F. de Vialar**, évêque de Chalons. Six portraits in-fol.

Très belles épreuves.

LOMBART (L.).

314. **Argenson** (M. R. de Voyer de Paulmy), lieutenant Général de Police. In-fol. gravé à la manière noire.

Très belle épreuve. Rare.

DE LONGUEIL (R.).

515. **Mareilles** (E. B. de Nettancourt, comtesse de), d'après Eisen, 1764.

Très belle épreuve. Remargée.

MARCENAY DE GHUY (DE).

515 *bis*. **Charles, duc de Brunswick**. — **Le Goux de Gertaus**. — Comte de **Mirabeau**. — **De Puységur**. — Maréchal de **Saxe**. — **Sully**. — Maréchal **de Villars**. — **Voyez Paulmy d'Argenson**.

MASSON (ANT.).

516. **Son portrait**; gravé par lui-même (R. D. 1). — **Masson** offrant ses œuvres à l'immortalité, gravé par Hubert. Deux pièces in-fol.

Très belles épreuves.

517. **Son portrait**; il est représenté tenant à la main le portrait du comte d'Harcourt. Gravé à la manière noire par V. B. In-4.

Très belle et très rare épreuve, non entièrement terminée, la main et le portrait du comte d'Harcourt seulement indiqués au crayon blanc.

518. **F. de Beauvilliers, duc de Sᵗ-Aignan** (12). — **J. Bignon**, avocat général (13). — **Forbin de Janson**, évêque de Marseille (27). Trois portraits in-fol.

Très belles épreuves.

518 bis. Boucherat (L.), chancelier de France. Pièce non décrite.

Très belle épreuve, avant le nom et l'adresse du graveur; la plaque et la simarre.

519. Bouillon (E. Th. de Là Tour d'Auvergne, duc d'Albret, cardinal de). In-fol.

Superbe épreuve avec marge.

520. Brisacier (G. de), secrétaire des Commandements de la Reine d'après Mignard (15). In-fol.

Très belle épreuve.

521. Colbert (J.-B.), 1677. Buste fort comme nature. Grand in-fol. (18).

Très belle épreuve. Rare.

522. Crécy (L. Verjus, comte de), plénipotentiaire à la paix de Riswick et membre de l'Académie française. Buste demi-nature. In-fol. (23).

Très belle épreuve.

523. Guise (M. de Lorraine, duchesse de), d'après Mignard. In-fol. (32).

Très belle épreuve du 3e état : avant le mot *Roma* et la figure de lapin qui le suit. Rare.

524. Harcourt (Henri de Lorraine comte d'), grand écuyer de France. Estampe connue sous le nom du Cadet à la perle. (34). Grand in-fol.

Superbe épreuve du 2e état : (1er de R. Dumesnil), avant beaucoup de travaux et avant le chiffre 4 dans la marge du côté gauche. Grande marge. Très rare de cette qualité.

525. Le même portrait.

Belle épreuve.

526. J.-N. Colbert, abbé du Bec (19). — **Cl. du Housset**, chancelier de M. le Duc d'Orléans (37). Deux portraits in-fol., bustes forts comme nature.

Très belles épreuves.

527. N. de Lamoignon, maître des requêtes (39). — **Ch. Le Clerc de Lesseville**, doyen du Grand Conseil (40). Deux portraits in-fol.

Très belles épreuves avec marges.

528. Bavière (M^{ie} A^{ce} V^{re} de), femme du Grand Dauphin, buste fort comme nature. In-fol. (48).

Très belle épreuve.

529. Anne d'Autriche, reine de France, épreuve rognée à l'ovale. — **Marie-Thérèse d'Autriche**, reine de France. Deux portraits in-fol., bustes forts comme nature (11 et 49).

Très belles épreuves.

530. **Mesmes** (J.-J. de), président au Parlement de Paris; buste demi-nature (52). In-fol.

> Très belle épreuve du 1er état : avant le changement de nom dans la dédicace.

531. **N. de Nicolaï**, premier président de la Chambre des comptes. (54). — **O. Le Fevre d'Ormesson**, conseiller au Parlement de Paris (58). Deux portraits in-fol.

> Très belles épreuves.

532. **Turenne** (H. de La Tour d'Auvergne, vicomte de), buste fort comme nature (65). Gr. in-fol.

> Très belle épreuve avec marge.

533. **Louvois** (F.-M. Le Tellier, marquis de), buste fort comme nature (G. D. 3). Gr. in-fol.

> Belle épreuve.

534. **L. Abelly**, évêque de Rodez (8). — **G. de Brisascier** (15). — **G. Charrier**, lieutenant criminel à **Lyon** (16). — **J.-N. Colbert**, abbé du Bec (19). — **M. Colbert**, abbé des Prémontrés (22). — Marquis de **Saint-André-Montbrun** (26). Six portraits in-fol.

> Belles épreuves.

535. **Marin Cureau**, de la Chambre, premier et second état (24). — **P. Dupuis**, peintre de fleurs. — **A. Dupuy**, marquis de St-André-Montbrun (26). — **H. de Fourcy**, président du Parlement de Paris (28). — **Forbin de Janson**, évêque de Marseille (27). — **F. Guillaume**, électeur de Brandebourg (30). — **Pardaillan de Gondrin**, archevêque de Sens (31). Huit portraits in-fol.

> Belles épreuves.

536. **P. Dupuis** (25). — **P. de Gondrin** (31). — Duchesse de **Guise** (32). — **Louis XIV** (43). — **R. Millerand**, professeur de langues à Paris (53). — **A. Le Nostre** (55). — **Guy** et **Charles Patin**, médecins (59 et 60). Huit portraits in-4 et in-fol.

> Très belles épreuves.

537. **Louis-Auguste**, duc **du Maine**, enfant (47). — **F. Rouxel de Médavy**, archevêque de Rouen (51). — **N. Potier de Novion**, premier président au Parlement de Paris (56). — **G. de Roquette**. Quatre portraits in-fol., bustes forts comme nature et demi-nature.

> Belles épreuves.

538. **Marin de la Châtaigneraie**, secrétaire du roi (50). — **F. Rouxel de Médavy**, archevêque de Rouen (51). — **H. Pussort**, conseiller d'État (62). Trois portraits in-fol., bustes forts comme nature.

539. **Hardouin de Péréfixe de Beaumont**, archevêque de Paris, premier et second état (61). — **G. de Roquette**, évêque d'Autun (63). — **Turgot de Saint-Clair**, maître des requêtes (66). — **Louis, duc de Vendosme** (67). Cinq portraits in-fol.

Très belles épreuves.

MASSON (M.).

540. **Orléans** (Eth Ch^{te} duchesse d'), surnommée la Palatine. Buste fort comme nature gravé d'après Mignard. Gr. in-fol.

Très belle épreuve. Rare.

MATHAM (J.).

541. **Philippe-Guillaume**, prince d'Orange, vu jusqu'aux genoux d'après Miereveldt. In-fol.

Très belle épreuve.

MÉCHEL (Ch. de).

542. **Lavater** (J.-C.). In-4, 1801.

Très belle épreuve en couleur. Rare.

MÉCHEL (à Basle, chez Ch. de).

542 bis. **Saussure** (H. B. de), le second voyageur qui soit parvenu sur le sommet du Mont-Blanc. Il est représenté en pied, assis dans un paysage et tenant son bâton ferré à la main. Gravé d'après Houel. In-4.

Superbe épreuve en couleur,

MELLAN (Cl.).

543. **Ronsard** et sa **maîtresse**, en regard l'un de l'autre sur la même feuille. In-4 oblong.

Très belle épreuve du premier état : avant l'adresse de Mariette.

544. **Cl. Mellan.** — **L. de Balzac**, premier et second état. — **Ch. de Fouques.** — **Barclaie.** — **Cardinal de Bouillon.** — **Coeffetau.** — **Prince de Conti.** — Mgr **d'Elbenne.** — **N. Fouquet.** — **Cardinal de Retz**, etc. Vingt portraits in-4 et in-fol.

Très belles épreuves.

545. **Prince de Conti.** — **Cardinal de Retz.** — **N. Grillet.** — **J. Habert de Montmor.** — **H.-L. Habert** de Montmor. — Le frère **Joseph.** — **Duc de Crequy.** — **A. de Levis Ventadour.** — **Louis XIV** et les échevins de Paris. — **Abbé de Marolles**, etc. Vingt portraits in-4 et in-fol.

Très belles épreuves.

546. **Henri de Mesmes**, premier et second états. — **Cl. de Rebe**, archevêque de Narbonne, premier et second états. — **Cardinal de Richelieu**. Cinq portraits in-fol.

> Très belles épreuves.

547. Frère **Joseph**. — **L.-H. Habert de Montmor**. — **Louis XIV**. — **Anne d'Autriche et Monsieur**. — **Duc de Montmorency**. — **De Nesmond**. — **H. de Perefixe**. — **J. Perrault**. — Le cardinal de **Lyon**. — **Duc de Nemours**. — **P. Seguier**. — **Ab. Servien**. Quinze portraits in-4 et in-fol.

> Très belles épreuves.

548. **P. Seguier**. — **A. de Richelieu**, cardinal de Lyon. — **Omer Talon**. — **Maréchal de Toyras**. — **J. Trullier**. — **De Villemontée**. — **Anne d'Autriche**. — **M. de Buade-Fontenac**. — **Agathe de Chatillon**. — **L. M. A. de Gonzague**, reine de Pologne. — La sœur **F. Habert**. — **A^{ne} M^{le} Vaiani**. — **V^a da Vezzo**. Dix-huit portraits in-4 et in-fol.

> Très belles épreuves.

549. Sujets du Nouveau Testament. — Saints et Saintes. — Titres de livres. Vingt-trois pièces, parmi lesquelles on remarque la Tête de Christ, et les deux titres, en premières épreuves, où se trouvent le portrait du cardinal de Richelieu.

> Très belles épreuves.

MÉRLEN (Th. van).

550. **Gaspard IV duc de Coligny**. — **Ach. de Harlay**. — **J. de Harlay**, dame d'Halincourt. — **M. Moreau**, dame de Sancy. Quatre portraits in-fol.

> Très belles épreuves.

MOITTE (P.-E.).

551. **H. P. Chauvelin**, conseiller au Parlement. — **J. F. Hénault**, auteur. — **J. Restout**, peintre. Trois portraits in-fol.

> Très belles épreuves.

MONSALDY.

552. **Enghien** (H. de Bourbon-Condé, duc d'), d'après la peinture faite au Palais-Bourbon par Mme Vallain. Médaillon ovale in-4.

> Superbe et très rare épreuve, imprimée en couleur avec quelques retouches au pinceau. Grande marge.

553. **Isabey** (J.-B.), célèbre miniaturiste, d'après lui-même. In-8.

> Très belle épreuve. Très rare.

MOREAU (J.-M.).

554. **La Borde** (J. Baron de), premier valet de chambre ordinaire du Roi, d'après Denon, 1770.

Très belle épreuve avec toute sa marge.

555. **Louis XVI**, en pied.

Très belle et rare épreuve, non entièrement terminée.

556. **Pineau** (R.).

Très belle épreuve avant la tablette blanche.

MORIN (J.).

557. Le Petit Saint-Bernard. — Le Grand Saint-Bernard, d'après Ph. de Champagne (R. D. 32 et 33).

Très belles épreuves.

558. **Anne d'Autriche**, reine de France, en costume de cour, d'après Ph. de Champagne (R. D. 40). In-fol.

Très belle épreuve.

559. **Bentivoglio** (le cardinal G.), d'après A. Van Dyck. (43). In-fol.

Très belle épreuve.

560. **Choiseul du Plessis-Praslin** (G. de) (50). In-fol.

Très belle épreuve du 1er état : avant que l'inscription dans la bordure ait été enlevée.

561. **Retz** (J. F. P. de Gondy, cardinal de), d'après Ph. de Champagne (54). In-fol.

Superbe épreuve. Col. R. Dumesnil.

562. Mme **Grimberghe**, comtesse de Bossu (55). — Lic **Herbert**, comtesse de **Carnavon**. 1er état (56). Deux portraits in-fol.

Très belles épreuves.

563. **Henri II** de Lorraine, duc **de Guise** (57). — Comte d'Harcourt (58). — **Henri IV** (60). — **Louis XI** (63). Quatre portraits in-fol.

Très belles épreuves, les deux dernières pièces sont remargées.

564. **Louis XIII**, roi de France, d'après Ph. de Champagne (64). In-fol.

Très belle épreuve.

565. **Maugis des Granges** (P.), conseiller et maître d'hôtel du Roi, d'après Ph. de Champagne (67). In-fol.

Superbe épreuve.

MONS.

566. **M. de Marillac**, garde des sceaux (66). — **J. Le Mercier**, architecte (69). — **M. Le Tellier**, ministre d'État (76). Trois portraits in-fol.

    Très belles épreuves.

567. **Richelieu** (A. J. Du Plessis, cardinal, duc de), d'après Ph. de Champagne (72). In-fol.

    Très belle épreuve, marge.

568. **Augustin de Thou**, président au Parlement de Paris (77). — **Ch. de Thou**, premier président au Parlement, fils aîné du précédent (78). — **J.-A. de Thou**, magistrat et historien (79). Trois portraits in-fol.

    Très belles épreuves, les deux premières sont remargées.

569. **Vitré** (A.), imprimeur, d'après Ph. de Champagne (88). In-fol.

    Superbe épreuve.

570. **Arnauld d'Andilly** (42). — **Berthier**, évêque de Montauban (44). — **Brachet de la Milletière** (48). — **P. Camus**, évêque de Belley (49). — **N. Chrystin** (51). — **F. Potier**, marquis de **Gesvres** (53). Six portraits in-fol.

    Très belles épreuves.

571. **R. de Longueil** (65). — **N. de Netz**, évêque d'**Orléans** (70). — **Omer Talon** (74). — Dom **Grégoire Tarisse** (75). — **J.-A. de Thou** (79). — **Ch. de Valois**, duc d'Angoulême (81). Six portraits in-fol.

    Très belles épreuves.

572. **J. Tubœuf**, président en la Chambre des comptes (80). — **Ch. de Valois** (81). — **D. de Hauranne**, abbé de Saint-Cyran (82). — Abbé **de Richelieu** (85). — **J. de Ville-montée**, évêque de Saint-Malo (86). — Maréchal **de Villeroy** (87). Six portraits in-fol.

    Très belles épreuves.

MOSIN (M.).

573. **Louis**, Dauphin de France, représenté en pied, enfant. Très grand in-fol.

    Très belle épreuve.

MOYREAU (J.).

574. **François Ier**. — Le R^d Père **Cl. Frassen**, de la Faculté de Paris. — **M. Cl. Le Peletier**, docteur à la Faculté de Paris. — **J. Lechassier**, de la Faculté de Paris. — **L. Moyreau**, graveur. — **P. Emery**, imprimeur. Six portraits in-fol.

    Très belles épreuves.

NANTEUIL (R.).

575. Les Quatre Évangélistes, d'après E. Le Sueur (R. D. 7).

Très belle et rare épreuve du 2e des quatre états décrits : avec l'inscription sur la banderole, mais avant celle qu'on lit sur la pente du tapis recouvrant la table. Grande marge.

576. **Anne d'Autriche**, reine de France, d'après Mignard (F. D. 22). In-fol.

Très belle épreuve du 3e des quatre états décrits : avant le nombre 15 au-dessus des armes.

577. **Anne d'Autriche**, reine de France, buste fort comme nature (23). Grand in-fol.

Superbe épreuve du 1er état : avant le crochet à la suite du millésime.

578. **Arnauld de Pomponne** (S.), ministre d'État, buste fort comme nature (24). In-fol.

Très belle épreuve du 1er état : il n'y a pas de barre après le point qui suit le mot mandat. Rare.

579. **Barberin** (Ant.), cardinal-archevêque de Reims (28).

Superbe épreuve.

580. **Barrillon de Morangis** (A.), intendant des finances. In-fol. (31).

Très belle épreuve.

581. **Bartillat** (E.-J. de), garde du Trésor Royal. In-fol. (32). —

Très belle épreuve du 1er état : avant que l'année 1666 ait été convertie en 1668 et avant que l'écusson ait été refait.

582. **Beaufort** (F. de Vendôme, duc de). In-fol. (33).

Superbe épreuve du 1er état : avant que l'adresse de Le Blond ait été remplacée par celle de Mariette.

583. **Beaumanoir de Lavardin** (P.-F.), évêque du Mans, d'après Ph. de Champagne. In-fol. (34).

Superbe épreuve du 1er état : avant que la tablette de la console ait été indiquée par trois traits horizontaux ; marge. Collection Camberlyn.

584. **Le même personnage** (35). In-fol.

Superbe épreuve du 1er des cinq états décrits : avant de nombreux changements faits, par la suite, à la planche.

585. **Bellievre** (Pomponne de), premier président au Parlement de Paris, d'après Ph. de Champagne. In-fol. (37).

Très belle épreuve, la bordure, appartenant à une autre épreuve, a été rapportée.

586. **Ch. Benoise**, conseiller au Parlement de Paris (38). — **D. Blondel**, ministre protestant et historien, premier et second états (44). Trois portraits in-4 et in-fol.

Très belles épreuves.

587. **Boileau** (G.), greffier de la Grande chambre au Parlement de Paris. In-fol. (43).

> Très belle épreuve du 1er état: il n'y a qu'un point après le millésime, et sur le socle on ne lit pas encore de quatrain.

588. **Bosquet** (F.), évêque de Montpellier, buste demi-nature. In-fol. (44).

> Très belle épreuve.

589. **Bouchu** (P.), abbé de la Ferté, puis de Clairvaux. In-fol. (47).

> Très belle épreuve du 1er état : avant que l'année ait été enlevée et avant que l'inscription dans la bordure ait été changée.

590. **Bouillon** (F.-M. de la Tour d'Auvergne, duc de). Deux portraits (48 et 49).

> Très belles épreuves.

591. **Bouillon** (G.-M. de la Tour d'Auvergne, duc de), grand chambellan de France. In-fol. (50).

> Très belle épreuve du 4e des sept états décrits.

592. **Bouthilier** (V. Le), archevêque de Tours. In-fol. en largeur (56).

> Très belle épreuve.

593. **Chapelain** (J.), membre de l'Académie française. In-4 (60).

> Très belle épreuve du 1er état : avant les arbres et les buissons que l'on voit sur les montagnes du médaillon emblématique. Remargée.

594. **Clermont-Tonnerre** (F. de), évêque de Noyon. In-fol. (68).

> Très belle épreuve du 2e état : avant les inscriptions dans la bordure.

595. **Coislin** (P. du Cambout, cardinal de). In-fol. (69).

> Très belle épreuve du 1er état : avant que la date de 1658 ait été convertie en celle de 1664.

596. **J.-B. Colbert**, contrôleur général des Finances. Deux portraits, dont un fort comme nature (71 et 76).

> Belles épreuves.

597. **Condé** (Louis II de Bourbon, prince de). In-fol. (79).

> Très belle épreuve.

598. **Courtin** (H.), conseiller d'État. In-fol. (80).

> Très belle épreuve du 1er état : avant les inscriptions sur la bordure.

599. **Créqui** (F. de Bonne, maréchal de). In-fol. (81).

> Très belle épreuve.

600. **De Seve** (A.), prévôt des marchands. In-fol. (82).

> Très belle épreuve.

601. **Doni d'Attichy** (L.), évêque d'Autun. In-fol. (83).

> Très belle épreuve.

602. **P. Dupuy** (88.) — Les Deux Frères **Dupuis**, Pierre et Jacques, sur la même planche, épreuve du 1er état (89). Deux pièces.

> Très belles épreuves.

603. **Espernon** (B. de Foix de la Valette, duc d'). In-fol. (91).

> Très belle épreuve du 2e état : avant les inscriptions dans la bordure. Grande marge.

604. **Colbert** (J.-N.), archevêque de Rouen, buste fort comme nature (92). Gr. in-fol.

> Superbe épreuve du 1er état : avant que la bordure et les banderoles aient été enlevées, ainsi que le fond extérieur. Rare.

605. **Féret** (H.), curé de St-Nicolas-du-Chardonnet et grand vicaire de Paris. In-fol. (95).

> Très belle épreuve avec marge. Col. Camberlyn.

606. **Fouquet** (B.), abbé de Barbeaux et de Rigny. In-fol. (97).

> Très belle épreuve.

607. **Fouquet** (N.), intendant des Finances. In-fol. (98).

> Superbe épreuve du 1er état : avec le mot Messire, écrit Missire. Très rare.

607 *bis*. La même estampe.

> Très belle épreuve.

608. **Guébriant** (J.-B. Budes, comte de), maréchal de France (104). In-4.

> Très belle épreuve du 1er état : avant les changements dans l'inscription.

609. **Guenault** (F.), médecin de la Reine. In-fol. (105).

> Très belle épreuve.

610. Le maréchal **de Guébriant** (104). — **F. Guenault**, médecin de la Reine (105). **H. de Guénégaud**, secrétaire d'État (106). Trois portraits in-fol.

> Très belles épreuves.

611. **L. Hesselin**, conseiller d'État (109). — Le **même personnage**, deux épreuves, dont une du 1er état (110). — **M. Cureau de la Chambre**, médecin du roi (116). Quatre portraits in-4 et in-8.

> Très belles épreuves.

612. **Jeannin** (P.), surintendant des finances. In-4 (112).

> Très belle épreuve.

613. **La Meilleraye** (Ch. de la Porte, duc de), maréchal de France, d'après Justus. In-fol. (118).

> Très belle épreuve.

614. **G. de Lamoignon**, premier président au Parlement de Paris, 1er état (119). Le même personnage (120). Deux portraits in-fol.

Très belles épreuves.

615. **G. de Lamoignon**, premier président au Parlement de Paris (119). — **M. Le Tellier**, ministre d'État (137). — Deux portraits gr. in-fol., bustes forts comme nature.

Belles épreuves.

616. **Le Pautre** (A.), architecte et ingénieur (127). In-fol. —————

Très belle épreuve du 2e état : avant l'adresse de Jombert. Col. Camberlyn.

617. **Le Tellier** (M.), ministre d'État. In-fol. (130). —————

Superbe épreuve avec marge, signée au verso J. G. Wille, 1771.

618. **Le Tellier** (M.), ministre d'État. Quatre portraits in-fol. (128, 132, 134 et 136).

Belles épreuves.

619. **Le Tellier** (Ch. M.), archevêque de Reims. In-fol. (138). —

Très belle épreuve.

620. **Le même personnage**. In-fol. (140). —————

Superbe épreuve : avant que l'année 1670 ait été changée en 1671.

621. **Ligny** (D. de), évêque de Meaux. In-fol. (144).

Très belle et rare épreuve d'un état non mentionné : elle porte dans la marge inférieure, imprimée en caractères mobiles, l'inscription suivante : *Illustrissimo viro domino D. Dominico de Ligny.*

622. **Lionne** (H. de), secrétaire d'État. In-8 (146).

Très belle épreuve du 1er état : avant beaucoup de changements, notamment avant que l'inscription sur la console ait été enlevée. Remargée.

623. **Lionne** (J.-P.), abbé de Noirmoutier et prieur de Saint-Martin-des-Champs. In-fol. (147).

Très belle épreuve du 1er état : avant que l'année 1667 ait été enlevée.

624. **Longueville** (Henri d'Orléans, duc de). In-4 (149). —————

Très belle épreuve avec marge.

625. **Loret** (J.), poète. In-4 (150). —————

Très belle épreuve avec une grande marge.

626. **Louis XIV** (153). — Le **même Roi** (158). Deux portraits in-fol.

Belles épreuves.

627. **Louis XIV**. In-fol. (155).

Très belle épreuve du 2e des quatre états décrits : L'année changée en 1666, mais avant de nombreux changements faits postérieurement à la planche. Remargée.

628. **Louis XIV** (156). — **Le même Roi**, découpé à l'ovale (162). Deux portraits, grand in-fol., bustes forts comme nature.

Belles épreuves.

629. **Mallier du Houssay** (F.), évêque de Troyes. In-fol. (167).

Très belle épreuve du 1er état : avant les inscriptions sur la bordure. Remargée.

630. **Matignon** (L. Goyon de), évêque de Coutances, puis de Lisieux. In-fol. (172).

Très belle épreuve du 1er état : avant que la croix pastorale ait été remplacée par celle du Saint-Esprit. Marge.

631. **Maupeou** (J. de), évêque de Chalon-sur-Saône. In-fol. (173).

Très belle épreuve.

632. **Mazarin** (J.), cardinal et ministre d'État, d'après Van. Mol. In-fol. (175).

Très belle épreuve du 1er état : avant les inscriptions sur la bordure.

633. **Le même personnage** (177-178 et 180). Trois portraits in-fol.

Belles épreuves.

634. **Le même personnage** (184). In-fol.

Très belle épreuve du 1er état : avant les éraillures sur la bordure et le manteau.

635. **Le même personnage** (187). In-fol.

Très belle épreuve du 1er état : avant que l'inscription sur la tablette ait été enlevée. Marge.

636. **Mesgrigny** (J. de), premier président au Parlement de Provence, d'après Daret (190). In-fol.

Très belle épreuve du 1er état : avant les inscriptions dans la bordure.

637. **Mesmes** (H. de), président à mortier au Parlement de Paris. In-fol. (191).

Très belle épreuve du 1er état : avant que l'année 1650 ait été convertie en 1651.

638. **Mesmes** (J. A. de), président à mortier au Parlement de Paris. In-fol. (192).

Très belle épreuve du 1er des quatre états décrits : avec la première date, celle de 1655, qui successivement a été convertie en celles de 1661 et de 1662.

639. **Molé** (M.), garde des sceaux. In-fol. (194).

Très belle épreuve. Rare.

640. **Montpezat de Carbon** (J. de), archevêque de Bourges, puis de Sens ; buste demi-nature. In-fol. (196).

Superbe épreuve du 1er état : avant que l'année ait été enlevée et les inscriptions dans la bordure modifiées. Col. Camberlyn.

641. **Moüy** (H. de Lorraine, marquis de). In-fol. (197).

Très belle épreuve du 1er état : avant les inscriptions sur la bordure.

642. **Nemours** (Ane-Mie d'Orléans-Longueville, duchesse de), d'après Beaubrun. In-8 (200).

Belle épreuve.

643. **Neufville** (F. de), évêque de Chartres. In-fol. (204).

Très belle épreuve du 2e des neuf états décrits : avec l'année 1664 suivie d'un crochet seul. Rare.

644. **F. de Nesmond** (202). — **F. de Neufville** (203). — Le **même** personnage (204). Trois portraits in-fol.

Très belles épreuves.

645. **Novion** (N. Potier de), premier président au Parlement de Paris (206). In-fol.

Très belle épreuve du second des quatre états décrits : avec la croix du Saint-Esprit, mais avant que l'année 1657 ait été convertie en 1658, puis en 1662.

646. Le **même personnage**. In-fol. (207).

Très belle épreuve du 1er état : avant le crochet à la suite de l'année. Grande marge.

647. **Orléans** (Philippe, fils de France, duc d'). Buste fort comme nature. Grand in-fol. (208).

Très belle épreuve du 1er état : avant le point et le crochet à la suite du mot *regis*.

648. **Ormesson** (A. Le Fèvre d'), conseiller d'État. In-fol. (209).

Très belle épreuve du 1er état : avant que l'année ait été enlevée.

649. **Payen-Deslandes** (P.), doyen des conseillers clercs du Parlement de Paris. In-fol. (210).

Très belle épreuve.

650. **H. de Perefixe de Beaumont**, archevêque de Paris (211, 212 et 213). Trois portraits in-fol.

Très belles épreuves, le numéro 211 est du 1er état.

651. **Poncet** (P.), maître des Requêtes, puis conseiller d'État (215). In-fol.

Deux très belles épreuves, l'une du 1er et l'autre du 3e état.

652. **Regnauldin** (Cl.), procureur général au Grand Conseil (216). In-fol.

Très belle épreuve du 1er des cinq états décrits : l'année 1658 suivie d'un point seul. Grande marge.

653. **Saint-Paul** (Ch. Paris d'Orléans-Longueville, comte de). In-fol. (219).

Très belle épreuve.

654. Sarrazin (J.-F.), homme de lettres. In-4 (220).

> Très belle épreuve du 2ᵉ des quatre états décrits : avec une seule barre verticale dans la marge du haut. Grande marge.

655. Steenberghen (J.-B. Van), conseiller du Roi au Conseil de Flandre. In-fol. (226).

> Très belle épreuve.

656. Suze (L.-F. de), évêque de Viviers. In-fol. (227).

> Très belle épreuve du 1ᵉʳ état : avant les éraillures et les traces de tache sur le fond d'entourage. Remargée.

657. Talon (D.), président à mortier au Parlement de Paris. In-fol. (228).

> Très belle épreuve.

658. Turenne (H. de La Tour d'Auvergne, Vicomte de), maréchal de France. In-fol. (232).

> Très belle épreuve du 2ᵉ des quatre états décrits : avant que la barre que l'on remarque au milieu de la marge du haut ait été croisée par une autre.

659. P. de Bonzi, cardinal, archevêque de Narbonne (ap. 1). **P. du Cambout de Coislin**, cardinal, évêque d'Orléans (3). — **J. Le Camus**, lieutenant civil (4). Trois portraits in-fol., bustes forts comme nature.

> Belles épreuves.

660. Louvois (F.-M. Le Tellier, marquis de), ministre et secrétaire d'État, buste fort comme nature. Grand in-fol. (ap. 6).

> Très belle et très rare épreuve du 1ᵉʳ état : avant la lettre A et les points sur le listel de la bordure après le mot minist ; elle manque un peu de conservation.

661. Le même portrait.

> Belle épreuve.

662. J. Amelot, premier président de la Cour des aides, deux épreuves (19). — **M. Amelot**, archevêque de Tours (20). — **Dreux d'Aubray**, lieutenant civil au Châtelet de Paris (25). — **Cl. Auvry**, évêque de Coutances (26). Cinq portraits in-fol.

> Belles épreuves.

663. J. de Bailleul, Président à mortier au Parlement de Paris (27). — Le Cardinal **Barberin**, archevêque de Reims (29). — **Beaumanoir de Lavardin**, évêque du Mans, 1ᵉʳ état (35). — **Pompone de Bellievre**, premier président au Parlement de Paris (36). — **J. Blanchard**, abbé de Sainte-Geneviève (39). — **F. Blondeau** (40). Six portraits in-fol.

> Belles épreuves.

664. **Bochart de Saron**, chanoine de l'Église de Paris (42). — **N. Le Bouthelier**, archevêque de Tours (54). — Le Maréchal de **Castelnau** (58). — **M^ie de Bragelonne** (57). — Duc de Savoie (61). — **Charles V de Lorraine** (63). — **L. de Chavigny**, ministre d'État (66). Sept portraits in-fol.

Belles épreuves.

665. V. **Le Bouthilier** (54). — **Christine**, reine de Suède (67). — Cardinal **de Coislin** (69). — **Dulieu de Chennevières** (85). — Cardinal **d'Estrées** (92). — **Ch. Faure**, premier supérieur de Sainte-Geneviève (94). — **G. Fieubet**, premier président du Parlement de Toulouse (96). — **J. Fronteau**, chanoine de Sainte-Geneviève (99). Huit portraits in-8 et in-fol.

Belles épreuves.

666. **J.-N. Colbert**, archevêque de Rouen (77). — **F. de Harlay de Chanvallon**, archevêque de Paris (108). — **D. Talon**, président au Parlement de Paris (229). — Trois portraits grand in-fol., bustes forts comme nature.

Très belles épreuves.

667. **P. Gassendi** (101). — **M. Gillier**, maître d'hôtel du Roi (102). — **Mme Gillier** (103). — **Harlay de Chanvallon** (107). — **P. Lallemant** (117). — **D. de La Borde** (115). — **N. Le Boultz**, conseiller au Parlement de Paris (124). Sept portraits in-fol.

Belles épreuves.

668. **F. de Harlay de Chanvallon**, archevêque de Paris (107). — **P. Jeannin**, surintendant des Finances (112). — **Denis de La Barde**, évêque de Saint-Brieuc (115). — **Lallemant**, prieur de Sainte-Geneviève, 1er état (117). — **M. Larcher** (122). — **G. de Lamoignon** (120). — **L. de La Vrillière** (123). Sept portraits in-4 et in-fol.

Belles épreuves.

669. **J. Le Coigneux**, président à mortier (125). — **M. Le Masle** (126). — **Ch. M. Le Tellier**, archevêque de Rennes, 3e et 4e états (139). — **Le même personnage** (140). Cinq portraits in-fol.

Belles épreuves.

670. **F. de La Mothe Le Vayer**, conseiller d'État (143). — **D. de Ligny**, évêque de Meaux (145). — **Loménie de Brienne**, secrétaire d'État (148). — **Lotin de Charny**, Président au Parlement de Paris. — **L. M. de Gonzague**, reine de Pologne (164). — **R. de Longueil** (165 et 166). Sept portraits in-fol.

Belles épreuves.

671. **M. de Serrières** (168). — Duchesse de Savoie (169). — **M. de Marolles** (171). — **L. Goyon de Matignon**, évêque de Coutances (172). — **G. Menage** (188). — Duc de **Nemours** (189). — **E. Molé**, président à mortier (133). — **M. Molé**, garde des sceaux (194). — **F. Molé**, abbé de Sainte-Croix de Bordeaux (195). Neuf portraits in-4 et in-fol.

Très belles épreuves.

672. Duc de **Nemours** (198 et 199). — **F. de Nesmond**, président à mortier (201). — **F. de Nesmond**, évêque de Bayeux (202). — **P. de Novion**, premier président au Parlement (205). — Cardinal **de Retz** (217). — **G. Scudéry** (221). — **P. Séguier**, chancelier de France (223). Huit portraits in-4 et in-fol.

Belles épreuves.

673. **Potier de Novion** (205). — **De Saint-Brisson**, prevost de Paris (224). — **F. Servien**, évêque de Bayeux (225). — **Cl. Thevenin** (231). — **L. de Suze**, évêque de Viviers (227). — **V. Voiture**, de l'Académie française (234). Six portraits in-4 et in-fol.

Belles épreuves.

NATALIS ET AUTRES.

674. **E. de La Tour d'Auvergne**, duc d'Albret. — Le Rᵈ **N. de Gonze**. — Duc **d'Épernon**, maréchal de France. — G. de Saux, seigneur de **Tavanes**, maréchal de France. — **H. de Lionne**. — **H. de La Ferté**, chantre de la Sainte-Chapelle, etc. Dix portraits in-4 et in-fol.

Très belles épreuves.

NATTIER (d'après J.-M.).

675. Madame **Adélaïde**. — Madame **Louise-Thérèse-Victoire**. — Madame **Marie-Henriette**. — Madame **Louise-Élisabeth**, filles du roi Louis XV, représentées sous les figures allégoriques des éléments. Suite de quatre pièces in-fol. en largeur, gravées par Beauvarlet, Gaillard, Tardieu et Baléchou.

Très belles épreuves, le portrait de madame Marie-Henriette est avant la lettre.

NOLIN (J.-B.).

676. **Molière** (J.-B. Poquelin de), assis sur une chaise, tenant de la main gauche un livre, et de la droite une plume, dont la pointe dépasse le bord de la gravure. Gravé en 1685 d'après Mignard. In-fol.

Très belle épreuve du portrait, le plus authentique de notre célèbre écrivain. Très rare.

PATAS.

677. **Colombe** l'aînée (Mlle), de la Comédie-Italienne, en pied, dans
le rôle de **Belinde**, de la Colonie.

> Belle épreuve.

PASSE (C. DE).

678. **Gaston de Grieu**, prévost des marchands de Paris en 1612; il
fit construire l'acqueduc d'Arcueil. In-4.

> Très belle épreuve. Rare.

PASSE (C. et S. DE).

679. **Henri IV** et **Marie** de **Médicis**, vus de profil en imitation de
camées, sur la même planche. — **Henri IV.** — **Charles IV**,
duc de Lorraine. — **Richelieu.** — **Langelique**, chirurgien.
Du Verdier. — **N. Pasquier.** Sept portraits in-8.

> Très belles épreuves.

680. **L. de Castelair.** — **Philippe**, prince d'**Aremberg**. Deux portraits in-4.

> Très belles épreuves. Rares.

681. **Philippe II.** — **Jacques I**^{er}, roi d'Angleterre. — **Anne-
Marie**, reine d'Espagne. — **J. Sigismond**, margrave de
Brandebourg. — **Léopold** d'Autriche. — **Draecke.** Sept
portraits in-8.

> Très belles épreuves.

PETIT (S.).

682. **J.-J. Potier**, duc de **Gesvres**. — **J.-F. Phelypeaux**, comte de
Maurepas. Deux portraits in-fol. en pied, gravés d'après L.
M. Vanloo.

> Très belles épreuves.

683. **Marie-Thérèse**, reine de Hongrie. — **J.-B. Coignard**, imprimeur. — **Ev. Titon du Tillet**, maître d'hôtel de madame la
Dauphine. — **J.-J. Potier**, duc de **Gesvres**, en pied. Quatre
portraits in-fol.

> Très belles épreuves.

684. **H. Bachelier**, lieutenant criminel de Paris. — Marquis de
Méreville, conseiller. — **H. Arnaud de Pomponne**, abbé de
Saint-Médard de Soissons. — **Armand-Jules**, cardinal de
Rohan. Quatre portraits in-fol.

> Très belles épreuves.

PEIFFER (C.).

685. **Diane**, comtesse **Langeron**, et **Albertine**, marquise **Balle-roi**, dans un même petit médaillon ovale gravé au pointillé.

Très belle épreuve ayant toute sa marge.

PICART (J.).

686. **Henri II** de **Lorraine**, duc de Guise, archevêque de Reims, représenté debout, entre deux figures allégoriques, dans l'intérieur de la cathédrale de Reims. In-fol. en largeur.

Très belle épreuve. Rare.

PICART (St.).

687. **Montespan** (F^{de} Ath^s de Rochechouart, marquise de). In-fol.

Très belle épreuve.

688. **Cath. de Boiséon.** — **F. de Braqué**, intendant de Mme la duchesse d'Orléans. — **Choart de Buzenval**, évêque de Beauvais. — Le maréchal comte **d'Estrades**. — **J. de Poussemotte**, maître des comptes. — **N. de Paris**, grand prieur de France, etc. Neuf portraits in-4 et in-fol.

Très belles épreuves.

PICART (J. et E.).

689. **J. de Saint-Bonnet**, seigneur de **Toyras**. — **P. Davity**, S^r de **Montmartin**. — **L. Chasteignies**, seigneur de la Rochepozay. — **J. Chasteignies** fils. — **J. d'Auzoles**, S^r de la **Peyre**. — **N. Colbert**, évêque de Luçon. — **D. de Palluau.** Huit portraits in-4 et in-fol.

Très belles épreuves.

PICHLER (J.).

690. **Ligne** (Le Prince Charles de), gravé à la manière noire, d'après J. Grussi. In-fol.

Très belle épreuve.

PITAU (N.).

691. **N. Colbert**, évêque d'Auxerre. — **E. Habert** de Montmor, doyen des maîtres de requêtes. Deux portraits, in-fol.

Très belles épreuves.

692. **Louis XIV**, roi de France. Grand in-fol. décorant le haut d'une thèse.

Très belle épreuve.

693. **Louis XIV** en armure, vu à mi-corps, d'après C. Le Fébure. In-fol.

Très belle épreuve.

694. **Marie-Thérèse**, reine de France, d'après Beaubrun. In-fol.

Superbe épreuve. Rare de cette qualité.

695. **Savoie** (Ch. de France, duchesse de). In-fol.

Très belle épreuve.

696. Saint **Vincent de Paul**, d'après Simon François. In-fol.

Très belle épreuve.

697. **Séguier (P.)**, chancelier de France, d'après N. de Platte-Montagne. Buste fort comme demi-nature. In-fol.

Superbe épreuve.

698. **Th. Bignon**, premier président du Grand Conseil. — **P. du Cambout de Coislin**, évêque d'Orléans. — **J.-F. d'Estrades**, ambassadeur à Venise. — **S. de Daillon du Lude**, évêque d'Agen, puis d'Albi. — **J. Favier du Boulay**, maître des requêtes. Cinq portraits in-fol.

Très belles épreuves.

699. **F.-L. Habert de Montmaur**. — **C. Lilly**, historiographe. — Prince **Ch. de Lorraine**, marquis de **Moy**. — **H. de Péréfixe de Beaumont**, archevêque de Paris. — **B. Priolo**, maître écrivain. Cinq portraits in-fol.

Très belles épreuves.

700. **P. Pétau**, conseiller au Parlement. — **D. Sanguin**, chanoine de la Sainte-Chapelle, puis évêque de Senlis. — **P. Séguin**, doyen de l'Eglise S\^t-Germain-l'Auxerrois. — **F. de Villemontée**, évêque de S\^t-Malo. — **N. Voysin**, prévost des marchands de Paris. Cinq portraits in-fol.

Très belles épreuves.

PLATTE-MONTAGNE (N. DE).

701. **François I\^{er}**. — **Marie de Médicis**. Deux portraits in-fol. (R. D. 23 et 25).

Très belles épreuves, la première pièce est remargée.

701 *bis*. **V. Barthélemy**, avocat consultant à Rethel (19). — Le cardinal **P. de Bérulle** (20). — **O. de Castellan**, lieutenant général (21). — **Habert de Montmort**, maître des requêtes (24). — **P. Monnerot**, conseiller du Roi (26). — **R. O'Moloy**, professeur de philosophie (28). Six portraits in-fol.

Très belles épreuves.

POILLY (N.).

702. **J.-B. Colbert**, contrôleur général des finances. — **G. de Lamoignon**, premier président au Parlement de Paris. — **Louis XIV**, dans une composition allégorique. Trois portraits in-fol., parties supérieures de trois thèses.

    Très belles épreuves.

703. **Louis II de Bourbon**, prince de **Condé**. — **H.-J. de Bourbon**, duc **d'Enghein**, son fils, d'après Mignard. Deux portraits in-fol.

    Très belles épreuves.

704. **Costantin** (M. de), conseiller au Parlement de Rouen. In-fol.

    Très belle épreuve avant la lettre. Rare.

705. **Faber** (Abraham de), maréchal de France, d'après L. Ferdinand. In-fol.

    Belle épreuve du plus beau portrait du personnage.

706. **Fouquet** (B.), abbé de Barbeaux, frère du surintendant. In-fol.

    Très belle épreuve.

707. **Le Tellier** (Michel), chancelier de France. In-fol.

    Très belle épreuve.

708. **Paul de Lionne**, abbé de Saint-Martin-des-Champs, deux portraits. — **J.-J. de Mesmes**, comte d'Avaux, président au Parlement de Paris. Ensemble trois portraits grand in-fol., bustes forts comme nature.

    Très belles épreuves.

709. **Louis XIV** jeune, roi de France, d'après P. Mignard. In-fol.

    Superbe épreuve.

710. Partie supérieure d'un almanach, représentant **Louis XIV**, la Reine, les **princes** et les **princesses** de la famille royale.

    Très belle épreuve.

711. **Marie-Thérèse**, reine de France, d'après Beaubrun, 1675. Buste fort comme nature. Grand in-fol.

    Très belle épreuve.

712. **Mazarin** (Le cardinal J.), ministre d'État, d'après Mignard. In-fol.

    Superbe épreuve avant les noms des artistes. Très rare.

713. **Gaston d'Orléans**. — **Louis XIV**, roi de France. — **Philippe de France**, **Monsieur**. — La maréchale **de La Mothe-Houdancourt**, gouvernante des Enfants de France. Quatre portraits in-fol.

    Très belles épreuves.

714. **Noailles** (Anne, duc de), capitaine des gardes du corps, d'après W. Vaillant. In-fol.

Très belle épreuve.

715. **J. B. Amador**, abbé de **Richelieu**. — **H. de Bourbon**, marquis de **Verneuil**, pair de France, fils naturel de Henri IV. Deux portraits in-fol.

Très belles épreuves.

716. **Henri Arnauld**, évêque d'Angers. — **Pomponne de Bellie**-vre, président au Parlement de Paris. — **G. de Beauvau**, évêque de Nantes. — **J. Bignon**, avocat-général. — **N. de Bullion**, garde des sceaux. — **F. de Coetlogon**, évêque de Cornouailles, six portraits in-fol.

Très belles épreuves.

717. **G. Fermat**, conseiller au Parlement de Toulouse. — **F. A. de Grignan**, archevêque d'Arles. — **Le Nevoux de la Brousse**, évêque de Léon. — **La Place**, maître des requêtes. — **P. Le Moyne**, de la Compagnie de Jésus. — Le R. Père **Le Sellier**, abbé des Prémontrés. Six portraits in-4 et in-fol.

Très belles épreuves.

718. **M. de Marolles**, abbé de Villelouin. — **G. Menage**, avocat à Angers. — **N. Ollier**, conseiller du Roi. — **N. Parfaict**, chanoine de Paris. — **P. de Saint-Léger**, jurisconsulte à Avignon. — **P. Séguier**, premier président. Six portraits in-4 et in-fol.

Très belles épreuves.

719. **Pingré**, évêque de Toulon. — **R. Potier**, duc de Tresme, capitaine des gardes du corps. — **J. Tubeuf**, président en la Chambre des comptes. Trois portraits in-fol.

Très belles épreuves, la dernière pièce est avant le nom de Mignard.

POILLY (F.).

720. **Philippe V**, roi d'Espagne, vu à mi-corps, d'après D. Troy. Grand in-fol.

Très belle épreuve.

POILLY (J.-B. DE).

721. **I. Vincent**, imprimeur-libraire. — **Van Cléves**, sculpteur du Roi. Deux portraits in-fol.

Très belles épreuves, la dernière pièce est avant la lettre.

RABEL.

722. **Gaspard de Coligny**, grand amiral de France (R. D. 43). — **François de Coligny**, colonel général de l'infanterie française (45). — **Odet de Coligny**, cardinal de Châtillon (47). Trois portraits in-18.

> Belles épreuves. Rares.

723. **Jeanne d'Albret**, reine de Navarre (60). In-18. —

> Très belle épreuve. Remargée.

724. **Marguerite de Valois**, reine de Navarre (68). In-18.

> Très belle épreuve remargée. Très rare.

725. **Catherine de Médicis**, reine de France, en buste, vue de trois quarts et tournée vers la droite, dans une bordure ovale sur laquelle on lit : *Katharina. Medicae Henri *II*. uxor. Franc. Regina* et dans les angles inférieurs : *Rabel excu.* In-18.

> Superbe épreuve d'une pièce excessivement rare et non décrite. Remargée.

RABEL?

726. **Élisabeth**, reine d'Angleterre, en buste, vue presque de face et légèrement tournée à droite, dans une bordure ovale, sur laquelle on lit : *Élisabetha. D. G. Angliae. Franciae et Hiberniæ Regina.* Pièce in-18, non décrite.

> Très belle épreuve.

RABEL (Par et d'après).

727. **Catherine de Médicis.** — **Louise de Lorraine.** — **Henri III.** — **Marguerite de Valois.** — **F. de Valois**, duc d'Anjou. — **Caroline de Bourbon.** — **D'Aurat**, poète. — **P. Beloyus.** — **R. Garnier**, etc. Douze portraits in-8.

> Bonnes épreuves.

RAGOT (F.).

728. **Ch. de Laubespiné.** — **Ch. de Noailles**, évêque de Saint-Flour. — Le cardinal **de Richelieu.** Trois portraits in-4, et in-fol.

> Très belles épreuves.

REGNESSON (N.).

729. **J. de Vendosme**, duc de Beaufort. — Le cardinal **Mazarin.** Deux portraits in-fol.

> Très belles épreuves.

730. **J.-B. Deburidan**, docteur en droit en l'Université de Reims.
— L'abbé **J. Goussault**, conseiller au Parlement. — **E. De
La Salle**, lieutenant des habitants de Rennes. — **D. Voysin**,
prévost des marchands de Paris. — **M. Wilson de La Co-
lombière.** Cinq portraits in-4 et in-fol.

Très belles épreuves.

REINSPERGER.

731. **Marie-Thérèse**, reine de Hongrie et de Bohême, d'après
Liotard. — La **même reine**, gravé par Tanjé. Deux portraits
in-4 et in-fol.

Très belles épreuves.

REYNOLDS (D'après Sir J.).

732. **D. Goldsmith**, gravé à la manière noire par Marchi. In-fol. —

Très belle épreuve avec marge.

733. **Orléans** (L.-P. Joseph, duc d'), en pied, en colonel de hus-
sards. Gravé à la manière noire par R. Smith. Grand in-fol.

Très belle épreuve.

734. **Saunders** (Charles), vice-amiral de la Flotte bleue, gravé à la
manière noire par M. Ardell. In-fol.

Très belle épreuve.

RIDÉ.

735. **Mayeur**, dans le rôle de Cl. Bagnolet, d'après Le Peintre. Médaillon ovale in-4.

Très belle épreuve, imprimée en couleur.

ROULLET (J.).

736. **Chantal** (Ste-Jge Fremiot, veuve de M. le baron de), fondatrice
des religieuses de la Visitation. In-8.

Superbe épreuve avant la lettre. Très rare.

737. **Hilaire Clément.** — **Cath. Touchelée**, sa femme. — **J. Delpech**, conseiller du Roi. — **C. Le Tellier de Louvois**,
bibliothécaire du Roi. — **J.-B. Lully**, célèbre musicien. —
Chaillon de Thoisy, docteur de Sorbonne, etc. Sept portraits in-fol.

Très belles épreuves.

ROUSSELET (G.).

738. **Rantzau** (Josias, comte de), maréchal de France. In-4.
739.

Superbe épreuve avant les inscriptions dans la marge et avant les
changements dans les armes. Très rare.

739. **J. de Bartillat**, maître des comptes. — **J. de Berulle**, conseiller d'État. — **Loménie de Brienne**. — **N. Fouquet**. — **Grangier**, évêque de Tréguier. — **Grançay**. — **R. de Longueil**, premier président. — **P. de Marca**, archevêque de Paris. Huit portraits in-fol.

> Très belles épreuves.

740. **B. Grangier**. — Le cardinal **Mazarin**. — **L. Goyon de Matignon**, évêque de Coutances. — **R. de Saint-Martin**. — **P. Séguier**. — **Denis Talon**. — **Ch. de Valois**, duc d'Angoulême. Huit portraits in-fol.

> Très belles épreuves.

SADELER (LES).

741. **Mathias**, empereur d'Allemagne. — **Anne**, impératrice d'Allemagne, sa femme. — **Le Tasse**. — Don **B. Baradas**. — **S. Feyrabend**, libraire. — **G. Langely**. Six portraits in-8 et in-4.

> Très belles épreuves.

SAINT-AUBIN (A. DE).

742. **Francklin** (B.), d'après Cochin (85). In-4.

> Superbe épreuve avant la seconde ligne : *Se vend à Paris*, etc. Rare.

743. **F.-M. d'Este** princesse de **Conti** (54). — **S. Lecoulteux du Moley** (127). Deux portraits in-4.

> Très belles épreuves.

744. **Pompadour** (Mme la marquise de), d'après Cochin (130).

> Très belle épreuve. Rare.

745. **Molé** (R.-F.), de la Comédie-Française), d'après E. Aubry (177). In-4.

> Deux épreuves, dont l'une, très belle, est avec la tablette blanche.

746. **Moreau** (J.-M.) le jeune, d'après Cochin (194). In-8.

> Deux épreuves, dont l'une, excessivement rare, est à l'état d'eau-forte.

747. **Marigny** (M. le marquis de), d'après Cochin ? (248). In-4.

> Très rare épreuve à l'état d'eau-forte. Toute marge.

748. **A.-Ch. Lorry**, médecin (137). — **J.-F. Bignon**, bibliothécaire. — **J. Pellerin** (207). — **L.-J. Prault**, imprimeur (221). — **Voltaire**, **Fréron** et **Labaumelle** (269). Cinq portraits in-8.

> Très belles épreuves, les quatre premières pièces sont à l'état d'eau-forte, la dernière est avant la lettre.

749. **Amelot.** — **Barthélemy.** — **Beaumarchais.** — **Brackford.** — **Caffiery.** — **L. Cars.** — **N. Cochin.** — **Crébillon.** — **Dorat.** — **Dumont.** — **Gessner.** — **Jombert**, etc. Vingt-quatre portraits in-8 et in-4, gravés, la plupart, d'après Cochin.

> Très belles épreuves.

750. **De Lassone.** — **Linguet.** — **Maloet.** — **Marco.** — **Ma-riette.** — **De Parcieux.** — **J.-B. Pierre.** — **Piron.** — **Prault.** — L'abbé **Pommier.** — **Roettiers.** — **P. de Va-lenciennes.** — **Th. Walpole.** — Mis de **Paulmy**, etc. Trente portraits in-8 et in-4, gravés, la plupart, d'après Cochin.

> Très belles épreuves.

SAINT-AUBIN (A. DE) et HELMAN.

751. **Chartres** (Le duc et la duchesse de) avec leurs enfants, d'après C. Le Peintre. In-fol.

> Très belle épreuve avant la lettre. Grande marge.

SAVART (P.).

752. **Colbert.** — **N. de Livry**, deux épreuves, dont une avec le bas-relief. — **Louis le Grand.** — **Racine.** Cinq portraits in-8.

> Très belles épreuves avec la première adresse, celle de Barrière de Fontarabie.

753. **Bayle.** — Cardinal de **Bernis.** — **Buffon.** — Prince de **Condé.** — **La Bruyère.** — **Leibnitz.** — **Louis le Grand.** — Car-dinal de **Richelieu.** Huit portraits in-8 et in-4.

> Très belles épreuves.

SCHMIDT (G.-F.).

754. **Évreux** (L. de La Tour d'Auvergne, comte d'), lieutenant général des armées du Roi, d'après H. Rigaud. In-fol.

> Très belle épreuve.

755. **La Tour** (M. Quentin De), à une fenêtre, d'après lui-même.

> Très belle épreuve.

756. Le **même personnage**, coiffé d'un chapeau et posé sur un che-valet, d'après lui-même. In-fol.

> Très belle épreuve.

757. **Mignard** (P.), célèbre peintre, d'après H. Rigaud. In-fol.

> Très belle épreuve avant l'astérisque, que, dans l'épreuve suivante, on voit au milieu de la marge du bas. Remargée.

758. **Philippe V**, roi d'Espagne, âgé, d'après Vanloo. In-fol.
   Très belle épreuve. Rare.

759. **Ant. Pesne**, célèbre peintre, d'après lui-même. — **J.-B. Silva**, docteur, régent de la Faculté de médecine de Paris, d'après H. Rigaud. Deux portraits in-fol.
   Très belles épreuves.

760. **Voguell**, Esq., négociant anglais, d'après Ant. Pesne. In-fol.
   Très belle épreuve. Marge.

761. **Comtesse de Grapendorf. — G. Dietlof**, comte d'Arnim, homme d'État prussien. — **Samuel**, baron de Coccéji, homme d'État et jurisconsulte allemand. Trois portraits in-fol., gravés d'après Ant. Pesne.
   Très belles épreuves.

762. Le Prince **Henri de Prusse. — P. Mignard. — J. Offray de La Mettrie**, médecin et philosophe. — L'Abbé **Ant.-F. Prevost d'Exiles. — Madame Schmidt** lisant. Cinq portraits in-4 et in-fol.
   Très belles épreuves.

SCHUPPEN (P.-L. Van).

763. **Arnauld** (La Mère Angélique), d'après Ph. de Champagne. In-fol.
   Très belle épreuve avec marge.

764. **Bonsy** (P. de), archevêque de Toulouse, d'après Bachichi. In-fol.
   Très belle épreuve.

765. **P. Bordier**, intendant des finances. — **J.-B. Colbert**, contrôleur général des Finances. — **J. de Seiglière de Boisfrant**, buste fort comme nature. Trois portraits in-fol.
   Très belles épreuves.

766. **Deshoulières** (A. du Ligier de la Garde, Mme), femme de lettres, d'après S. Chéron. In-8.
   Très belle épreuve.

767. L'abbé **P. Desponts**, théologien. — **B. de Join de La Valette**, duc **d'Espernon**, colonel général de France. Deux portraits in-fol.
   Très belles épreuves.

768. **Ph^ine de Gueldres**, veuve de René de Lorraine. — Lady **Warnier**, en religion sœur Sainte-Claire-de-Jésus. Deux portraits in-8.
   Très belles épreuves.

769. **Harouis** (G. de), trésorier des États de Bretagne, d'après De Bois + Troy. In-fol.

> Très belle épreuve.

770. **La Reynie** (G.-N. de), lieutenant de Police, d'après Mignard. In-fol.

> Très belle épreuve.

771. **Le Pelletier** (L.), d'après N. de Largilliere. Grand in-fol.

> Très belle épreuve. Rare.

772. **Le Tellier** (M^el), chancelier de France. — **Ch. M^e Le Tellier**, son second fils, archevêque de Reims, deux portraits. Ensemble trois portraits in-4 et in-fol.

> Très belles épreuves.

773. **M^le de Lorraine**, veuve de R. de France, duc d'Alençon. — **A.-H^te de Lorraine**, coadjutrice de l'abbaye R^le N.-Dame de Soissons. Deux portraits in-4.

> Très belles épreuves, elles sont signées au verso Cl.-A. Mariette.

774. **Louis XIV**, roi de France, dans une bordure ovale posée sur un champ semé de fleurs de lys, d'après C. Le Brun, 1664. In-fol.

> Très belle épreuve. Rare.

775. **Louis XIV**, buste fort comme nature. — **Le même roi**, dans une bordure de feuilles de chêne soutenue par deux Amours. Deux portraits in-fol.

> Très belles épreuves.

776. **Louis XIV**, trois portraits. — **Louis XIV** et **Marie-Thérèse**. — **Philippe de France**, Ensemble cinq portraits in-8 et in-fol.

> Très belles épreuves.

777. **Louis de France**, surnommé le Grand Dauphin, d'après F. de Troy. In-fol.

> Très belle épreuve avant les médaillons dans les angles.

778. **Maximilien Henri**, archevêque électeur de Cologne. Grand in-fol.

> Très belle épreuve.

779. **Mazarin** (Le Cardinal J.), ministre d'État, d'après P. Mignard. In-fol.

> Très belle épreuve.

780. **Louvois** (F.-M. Le Tellier, marquis de), d'après C. Le Febure. In-fol.

> Très belle épreuve.

781. **Meulen** (Van der), célèbre peintre de batailles, d'après N. de Largillière. Grand in-fol.

Très belle épreuve avec la première adresse, celle de Van Schuppen.

782. **Noailles** (A.-J. duc de), maréchal de France, connu sous le nom de comte **d'Ayen**. In-4.

Très belle épreuve.

783. **Orléans** (L.-A.-Marie d'), duchesse de Montpensier, la Grande Demoiselle, d'après De Séve. In-fol.

Très belle épreuve. Rare.

784. **H. de Péréfixe de Beaumont**, archevêque de Paris. — **L.-M. de Simiane de Gordes**, premier aumônier de la Reine. Deux portraits in-fol., bustes demi-nature.

Très belles épreuves. Remargées.

785. **Pithou** (P.), célèbre jurisconsulte. In-fol.

Superbe épreuve avant de nombreux travaux, notamment sur le front du personnage. Excessivement rare.

786. **Rosny** (Aⁿᵉ de Courtenay, Dame de). In-fol.

Très belle épreuve.

787. **Séguier** (P.), chancelier de France, d'après Ch. Le Brun. In-fol.

Très belle épreuve.

788. **Stuart** (J.-F.-E.), prince de Galles, dit le Premier Prétendant, d'après N. de Largillière. In-fol.

Très belle épreuve.

789. Le Pape **Alexandre VII.** — **J. Bignon**, avocat général au Parlement de Paris. — **Th. Bignon**. — **Cl. Bazin**, intendant du Soissonnais et du Languedoc. — **Barbot de Lardenne**, conseiller au Parlement. — **Is. Bouillaut**, astronome. Six portraits in-fol.

Très belles épreuves.

790. **Ch. de Bourlemont**, archevêque de Toulouse. — **Ant. Chasse**. — **N. Foucault de Magny**, intendant de la Basse-Normandie. — **F. de Harlay**, archevêque de Paris. Quatre portraits in-fol.

Très belles épreuves.

791. **N. Le Camus**, premier président en la Cour des aides. — Le R. Père **Natalis**. — **F. Pinson**, avocat parisien. — **P. et F. Pithou**, célèbres jurisconsultes. — **G. de Seve de Rochechouart**, évêque d'Arras. Cinq portraits in-fol.

Très belles épreuves.

792. **J.-L. Le Maistre de Sacy**, célèbre théologien. — **D. Séguier**, premier aumônier du Roi. — Le Rᵈ Père **L. Thomassin**, prêtre de l'Oratoire. — **E. Teissier**, général de l'ordre des Trinitaires. Quatre portraits in-fol.

Très belles épreuves.

793. **L. de Fromentières.** — **F. de la Haye**, médecin. — **J. Hindret**, conseiller du Roi. — **J. Hamon**, médecin. — **Cl. Lingendes**, prédicateur. — Le Chevalier **de Pontis**. — **Ch. de Saveuses**, conseiller du Roy. Sept portraits in-8.

Très belles épreuves.

794. **G. de La Vie**, avocat général au Parlement de Bordeaux. — **L.-F. Le Fevre de Caumartin.** — **E. Le Sueur**, célèbre peintre. — **P. de Marca**, archevêque de Paris. — **G. Menage**, célèbre critique. — **P. de Mouchy.** Six portraits in-4.

Très belles épreuves.

795. **J. J. d'Ittre de Caestre.** — Dame **A. Serclaes**, sa femme. — **F. Villani XIII.** — **H. d'Ursé.** — **J. Verjico.** — **F. Zwiling.** Sept portraits in-4 et in-fol.

Très belles épreuves.

SÉLIVANOW (J.).

796. **Marie Pawlowna** (S.-A.-I^{le} Mad^{me} la Grande-Duchesse), princesse de Saxe-Weimar, etc., représentée à mi-corps, tête nue et les bras croisés, d'après Béravikowski. In-fol.

Superbe épreuve d'un charmant portrait imprimé en couleur, le manteau légèrement repris en rouge. Excessivement rare.

SERGENT.

797. **Larive**, de la Comédie-Italienne. Petit médaillon ovale in-8.

Superbe et très rare épreuve, avant toutes lettres, imprimée en couleur. Marge.

798. **Monsieur** (comte de Provence), frère du Roi, d'après Duplessis. In-4.

Superbe et très rare épreuve, avant les inscriptions sur la tablette, imprimée en couleur. Marge.

799. **Necker** (M^r), ministre. — **Haüy** (V.), instituteur des enfants aveugles. Deux portraits in-4, gravés d'après Duplessis et Mme Favart.

Très belles épreuves imprimées en couleur.

SIMON (P.).

800. **Albert d'Ailly** (Ch.), duc de Chaulnes, d'après J. de la Borde. In-fol.

Très belle épreuve.

801. **Alvares d'Avila** (Ant.), d'après P. Rouche. In-fol.
Très belle épreuve.

802. **Christian Louis**, de Mecklembourg. Buste fort comme nature. Grand in-fol.
Très belle épreuve.

803. **Colbert** (E.-F.), comte de Maulevrier, gouverneur de la Touraine. Buste fort comme nature. Grand in-fol.
Très belle épreuve. Rare.

804. **Condé** (L. de Bourbon, prince de), 1678. Buste fort comme nature. Grand in-fol.
Très belle épreuve.

805. **Godet** (Paul de), évêque de Chartres, d'après F. Andréas. In-fol.
Superbe épreuve.

806. **Le Comte** (N. de), lieutenant criminel à Paris en 1709, d'après N. de Largillière. In-fol.
Superbe épreuve. Rare.

807. **Louis XIV**, roi de France, 1677, d'après C. Le Brun. Buste fort comme nature. Grand in-fol.
Très belle épreuve.

808. **Louis**, dauphin de France, fils de Louis le Grand. Buste fort comme nature. Grand in-fol.
Très belle épreuve.

809. **G. Bailly**, avocat général au Grand Conseil. — **V. Hotman**, intendant des finances. — **Le Fèvre d'Ormesson**, conseiller d'État. — **H. Serroni**, évêque d'Albi. — **F. Pallu**, évêque d'Heliopolis. Cinq portraits in-fol., dont trois en bustes forts comme nature.
Très belles épreuves.

SIMONEAU (C.).

809 *bis.* **J.-P Bignon**, abbé de Saint-Quentin. — **J. Hardouin.** — **Mansart**, architecte. — **Ant. F. Ferrand**, maître des requettes. —**Elisabeth-Charlotte**, Palatine du Rhin, duchesse d'Orléans. Quatre portraits in-fol.
Très belles épreuves.

SIMONET (D'après).

810. **Laruette** (Mlle-T^{sse} de Villette, Mme), de la Comédie Italienne, en pied, dans le rôle de Babet, gravé par Devaux. Petit in-fol.
Très belle épreuve.

SINTZENICH (H.).

811. Brunswick (L.-H^te van Hartefeld), d'après Schröder. In-fol.
Superbe épreuve d'un charmant portrait imprimé en couleur. Très rare.

812. Hoym (C. G. H., comte d'), d'après C. D. F. Bach. In-fol.
Superbe épreuve imprimée en couleur. Très rare.

SMITH (J.).

813. Georges III. — La Reine **Marie.** — **Charles XII,** roi de Suède. — **Charles III,** roi d'Espagne. Cinq portraits in-fol., gravés à la manière noire.
Très belles épreuves, le portrait de la reine Marie est découpé à l'ovale et remargé.

814. Le prince **Eugène** de Savoie. — Comte **de Peterborow.** — Duc de **Godolphin.** — Vice amiral **George Rooke.** — **Ch. Wren,** célèbre architecte ayant construit l'église de Saint-Paul de Londres. Cinq portraits in-fol., gravés à la manière noire.
Très belles épreuves.

SOMER (J. van).

815. Ruyter (M. de), chevalier, amiral des Provinces-Unies. Gravé à la manière noire. G^d in-4°.
Superbe épreuve. Très rare.

SOMPEL (Van).

816. Charles V. — **Maximilien II.** — **Rodolphe II.** — **Mathias Ier.** — **Ferdinand III.** Cinq portraits in-fol. gravés d'après P. Soutman.
Très belles épreuves.

SUIDERHOEF (J.).

817. Henriette-Marie, reine d'Angleterre, d'après A. van Dyck. In-fol.
Très belle épreuve.

818. Ferdinand III. — **F. de Moncade.** — **Philippe II.** — **Philippe III.** Quatre portraits in-fol.
Très belles épreuves, dont trois sont avant les numéros.

819. **J. de Dieu.** — **Cl. Saumaise.** — **G. de Rede.** Quatre portraits in-4 et in-fol.
Belles épreuves.

SURUGUE (L.).

820. **Monchy** (Mme de) en habit de bal, d'après Ch. Coypel. In-fol.
Très belle épreuve.

821. **Silvia** (Mlle), de la Comédie Italienne, d'après De La Tour.
In-fol.
Très belle épreuve.

TARDIEU (J.).

822. **La Font** (S^ie-W^no Mademoiselle), d'après De La Pierre, 1769.
In-fol.
Très belle épreuve.

823. **Leckzinska** (Marie), Reine de France, d'après Nattier. In-fol.
Très belle épreuve.

824. **Oudry** (J.-B.), peintre du Roi, d'après De Largillière, 1729.
In-fol.
Très belle épreuve avec toute sa marge.

825. **Bon de Boullongne**, deux portraits. — **Ch. Coypel** jeune,
épreuve avant la lettre. — **R. Le Lorrain**, sculpteur. —
J.-B. Oudry, peintre. Cinq portraits in-fol.
Très belles épreuves.

826. **P.-C. Andillon**, abbé. — **L.-J. D'Audibert de Lussan**, pri-
mat d'Aquitaine. — **N. Le Camus**, premier président du
Parlement de Rouen. — **Al. de Haller**. — **Madame de
Villars** en Sainte-Geneviève. Cinq portraits in-4 et in-fol.
Très belles épreuves.

THOMAS (N.).

827. **Saint-Germain** (Le comte de), célèbre alchimiste. In-fol.
Deux belles épreuves dont l'une est avant la dédicace.

THOMASSIN (S.-H.).

828. **Paul de Beauvilliers, duc de Saint-Aignan**, pair de France,
vu à mi-corps, revêtu de sa cuirasse, 1695. Gr. in-fol.
Très belle épreuve. Rare.

829. **Louis**, Dauphin de France fils de Louis XIV, en pied, d'après Tocqué. Gr. in-fol.

> Très belle épreuve avec marge.

830. **Louis**, duc de Bourgogne. — **L. Adélaïde de Savoye**, duchesse de Bourgogne. Deux portraits petit in-fol. faisant pendants.

> Très belles épreuves. Rares.

831. **Th. Auzanet.** — **J. Vence**, curé de St-Roch. — **N. Le Camus**, premier président du Parlement de Rouen. — **R. Delalande**, surintendant de la musique. — Cardinal **Fleury.** — L'abbé de **Maroulle.** — **F. Muguet**, premier imprimeur du Roi, etc. Huit portraits in-fol.

> Très belles épreuves.

TOMVLEY (Ch.).

832. **Hogarth** (W.), gravé à la manière noire, d'après lui-même. In-fol.

> Très belle épreuve.

TORY (G.).

833. **Henri II**, roi de France, sur un cheval richement caparaçonné. Pièce in-4, gravée sur bois, extraite de l'entrée de Henri II à Paris en 1549.

> Belle épreuve.

TROUVAIN (A.).

834. D^sc **Le Camus**, épreuve avant la lettre. — **E. Th. de la Tour d'Auvergne**, duc d'Albret. — **F. Bouthillier**, évêque de Troyes. — **E. Balbis**, comte de Vernon. — **R. de Cotte**, architecte. Cinq portraits in-4 et in-fol.

> Très belles épreuves.

VALCK (P.).

835. **Mazarin** (H. Mancini, duchesse de), d'après P. Lely. In-fol.

> Très belle épreuve. Rare.

VALDOR, PICART et autres.

836. Thomas Morus. — Sainte Thérèse. — Ambroise Paré. — F. L. de Lamarque. — P. Vallet. — J. Caffart, d'Arras. — Beaulieu, écrivain, etc. Huit portraits in-12 et in-8.

> Très belles épreuves.

VALLET (G.).

837. **Corneille (Pierre)**, célèbre poète tragique, d'après A. Paillet, 1663. Petit in-fol.

> Très belle épreuve. Rare.

838. **A. D. Cohon**, évêque de Nismes. — **A. Hanquel**, marquis de Crèvecœur, président à mortier au Parlement de Paris. — **Ch. F. de Lamoignon**, président à mortier au Parlement de Paris. — **Th. Hue de Miromesnil**, président au Grand Conseil. Quatre portraits in-fol.

> Très belles épreuves.

VANDREBANC (P.).

839. **Charles II**, roi d'Angleterre. Buste fort comme nature, d'après H. Gascar, 1707. In-fol.

> Superbe épreuve. Rare.

VANGELISTY (V.).

840. **Vergennes** (Charles Gravier, comte de), ministre, d'après Callet. In-fol.

> Superbe épreuve avant toutes lettres. Rare.

VERMEULEN (C.-M.).

841. **Catinat** (N. de), maréchal de France. In-fol.

> Très belle épreuve.

842. **Mesmes** (J.-A. de), comte d'Avaux, plénipotentiaire à la Paix de Nimègue, d'après N. de Largillière. In-fol.

> Superbe épreuve avant la lettre et avant les chiffres dans les médaillons qui se trouvent à chaque angle de la planche. Très rare.

843. **Louis XIV**. — **Philippe V**, roi d'Espagne. — **Maréchal de Luxembourg**. — **Ch.-A. de Broglie**, lieutenant général des armées du roi. Quatre portraits in-fol.

> Très belles épreuves.

844. **L. de Clermont**, évêque et duc de Laon. — **B. Haeften**. — **L. Hasle**, docteur en Sorbonne. — **L. A. de Noailles**, archevêque de Paris. — **R. Cools** d'Anvers. — **J. Sismondi**, de la Compagnie de Jésus, etc. Six portraits in-fol.

> Très belles épreuves.

845. **Vincent Bertin**, trésorier général. — **J.-B. Boyer d'Aiguilles**, conseiller au Parlement d'Aix. — **J. de Brunent**, m^d banquier, à Lyon. — **Marquis de Barbezieux**, deux épreuves. Cinq portraits in-fol.

> Très belles épreuves.

846. **B. Bardi Magalotti**, lieutenant général des armées du Roi. — **Maximilien**, comte Palatin. — **Maximilien** de Bavière, épreuve avant la lettre. Trois portraits in-4 et in-fol.

> Très belles épreuves.

847. **S. Mabre Cramoisy**, imprimeur. — **A. Jaillot**, géographe. — **F. Léonard**, imprimeur. — **P. Mignard**, peintre. — **J. de la Quintinye**, intendant des jardins du Roi. — **J. Roettiers**, graveur. — **L. Sevin**, peintre. Sept portraits in-4 et in-fol.

> Très belles épreuves.

848. **Ant. Houasse**, peintre, épreuve avant la dédicace. — **L. Habert de Montmor**, évêque de Perpignan. — **De Morel**, conseiller du Roi. — **L. Rouillé**, ambassadeur en Portugal en 1700. — **F.-M. de Verthamon**, premier président au Grand Conseil. Cinq portraits in-fol.

> Très belles épreuves.

E. VICO. — VILLAMENA ET AUTRES.

849. **Cosme de Médicis. — Vittoria Colonna. — J. de la Valette**, grand maître de l'ordre de Malte. — **Galilée.** — **Saint Charles Borromée.** — **J. Loyola**, etc. Dix portraits in-8 et in-4.

> Très belles épreuves.

VISSHER (C.).

850. **Gustave-Adolphe. — Christine.** Deux portraits in-fol. en pied.

> Très belles épreuves.

VISSCHER (L.).

851. **Witt** (J.), pensionnaire de Hollande, debout. Grand in-fol.

> Très belle épreuve avec la vue de la salle des États de Hollande, dans le fond, à gauche.

851 *bis*. Le même **portrait.**

> Très belle épreuve avec beaucoup de changements : on voit dans le fond, à la place de la salle des États, le portrait de C. de Witt, et l'inscription du bas a été remplacée par la scène du massacre de ces deux personnages ; le portrait de C. de Witt et la scène du massacre sont gravés par R. de Hooghe.

WORSTERMAN (L.).

852. Charles-Quint. — Prince de Carignan. — **Isabelle d'Este.** — **C. Huygens.** — **N. Lanier.** — Comte d'Olivarès. Six portraits in-fol.

Très belles épreuves.

WAGNER.

853. Rosalba Carriera, célèbre pastelliste. In-fol.

Superbe épreuve avant toutes lettres. Marge.

854. Élisabeth, impératrice de Russie, d'après Amiconi. In-fol.

Très belle épreuve. Rare.

854 bis. Le même **personnage,** gravé en 1740 par un artiste russe, d'après L. Caravagne, premier peintre de Sa Majesté.

Très belle épreuve avec marge. Excessivement rare.

855. S. A. I^le la grande-duchesse **Catharina Alexiewna,** depuis **Catherine II.** Très joli portrait in-fol., gravé en Russie en 1761.

Très belle épreuve. Très rare.

WATSON (J.).

856. Miss **Jones,** gravé à la manière noire, d'après C. Read. In-fol.

Très belle épreuve.

857. Mathilde, reine de Danemark, à mi-corps, vue de face et regardant à droite, gravé à la manière noire. In-fol.

Très belle épreuve avant toutes lettres, une partie de la marge du bas manque.

WIERRIX (Les).

858. Balzac (Henriette de), marquise de Verneuil (Alv. 1860). In-fol.

Très belle épreuve, avec l'adresse de Paul de la Houve ; elle est remargée et manque un peu de conservation.

859. Henri III, roi de France, en buste, dirigé vers la gauche, et coiffé d'un toquet avec aigrette ; au bas, quatre vers commençant par ces mots : *Peintre afin que ton art,* etc. In-fol.

Très belle épreuve d'une estampe non décrite par M. Alvin, elle est avant l'inscription : *Hanry 3, roi de France,* qu'on lit dans le haut de l'estampe, et porte l'adresse de P. de la Houve, adresse qui, plus tard, fut remplacée par celle de Hondius. Très rare.

860. Henri III, roi de France, en buste et dirigé vers la droite. In-fol.

Très belle épreuve, la marge inférieure est coupée.

861. **Hospital** (M. de), chancelier de France, dans un cénothaphe, gravé par M^{el} Le Blond (1931). In-fol.

> Très belle épreuve.

862. **Jeanne d'Albret** (1840). — **Henri IV** (1922). Deux portraits in-8.

> Belles épreuves.

863. **Clément VIII** (1881). — **Louis Dorléans** (1887). — **Élisabeth d'Angleterre** (1892). — **F. Othon** (1902). — **Henri III, roi de France** (1919). Cinq portraits in-8 et in-4.

> Belles épreuves.

864. **J. Curtius, S^r d'Oupée** (1887). — **O Pisani** (2015). — **Sainte Thérèse** (2035). — **J. Winghius**, pièce non décrite. Quatre portraits in-8.

> Très belles épreuves.

865. **Isabelle-Claire-Eugénie** (1951). — **Duc de Mercœur** (1988). — **Ev. Mercurialis** (1983). — **Rodolphe II** (2020). — **Ch. d'Assouville**, etc. Dix portraits en 12 et in-8.

> Belles épreuves.

WIERRIX (D'après)

866. **Philippe II, roi d'Espagne.** In-fol.

> Très belle épreuve. Rare.

WILLE (J.-G.)

867. **Son Portrait**, gravé par G.-J. Muller, d'après Greuze. In-4.

> Très belle épreuve.

868. **La Mothe Houdancourt** (Ph. de), maréchal de France (L.B.117).

> Superbe épreuve d'un état non décrit : le portrait est entouré d'un double filet dans lequel on lit, au bas, en caractères tracés à la pointe : *Will sc.*

869. **Saxe** (M. de), maréchal de France, d'après H. Rigaud. In-fol. (121).

> Très belle épreuve.

870. **Marigny** (Ab. F. Poisson de Vandières, marquis de), directeur général des bâtiments, d'après L. Tocqué. In-fol. (125).

> Deux épreuves, dont l'une, très belle, est avant la mention : *Gravé par G. J. Wille*, etc.

871. **Berrier** (N.-R.), lieutenant de police, d'après de Lyon. In-fol. (127). — **Sartine** (A. R. J. Gualbert de), lieutenant général de police, c'est la même planche que la précédente, la tête seule

gravée par Chevillet et les inscriptions dans la marge inférieure ont été changées. Deux portraits in-fol.

Très belles épreuves.

872. **Largillière** (M. E. de), d'après N. de Largillière. In-fol. (146).

Très belle épreuve avec toute sa marge.

873. **Lescalopier** (N. de), intendant de Tours. In-4.

Très belle épreuve avec marge. Rare.

874. **Frédéric II**, roi de Prusse, d'après A. Pesne. In-fol. (152).

Très belle épreuve.

875. **Bon de Boullongne. — J.-B. Massé. — J. Parrocel.** Trois portraits in-fol.

Très belles épreuves.

876. **Louis XV**, deux portraits. — **Ch.-L.-A. Foucquet de Belle-Isle**, maréchal de France. — **M. de Saxe**, maréchal de France. — **F.-L.-A. de Neufville, duc de Villeroy**, maréchal de France. Cinq portraits in-fol.

Belles épreuves.

877. **Charles Théodore**, électeur palatin. — **Élisabeth-Augusta**, sa femme. — **Élisabeth de Gouy. — F. Quesnay. — Comte de Saint-Florentin. — Tycho de Hoffman.** Sept portraits in-4 et in-fol.

Belles épreuves.

878. **Charles de Saint-Albin. — Cardinal Corsini. — Cardinal Colonna. — M. Manessier. — A. de Singlin. — Cardinal de Tencin**, deux portraits. Ensemble sept portraits in-4 et in-fol.

Très belles épreuves.

WERTMAN (C.-A.).

879. **Alexis**, fils de Pierre le Grand, d'après van Zudden. —

Très belle épreuve. Très rare.

ZUNDT (M.).

880. **Louis III** de Bourbon, prince **de Condé.** In-4.

Très belle épreuve remargée. Très rare.

PORTRAITS

CLASSÉS PAR ORDRE CHRONOLOGIQUE

RÈGNES DE FRANÇOIS Ier A HENRI IV.

881. **Louis XII. — Gaston de Foix. — Cardinal d'Amboise. — Connétable de Bourbon. — Bayard. — François Ier. — Charles-Quint. — Philippe II. — Luther. — Melanch-ton. — Calvin**, etc. Trente-cinq portraits in-4 et in-fol.
Belles épreuves.

882. **Henri II. — Catherine de Médicis. — François II. — Marie-Stuart. — Élisabeth d'Angleterre**. Huit portraits in-8 et in-4, dont plusieurs très rares, gravés par Béatrizet, Cook et L. Gaultier.
Très belles épreuves.

883. **Henri II. — Louise de Lorraine. — F. de Valois, duc d'Alençon. — L. de Bourbon, prince de Condé. — Emmanuel-Philibert, duc de Savoie. — Maximilien, roi de Bohême. — Élisabeth**, reine d'Angleterre. Huit portraits in-fol. en pied, gravés par Hogenbergh et Liefrenk.
Très belles épreuves. Rares.

884. **Charles IX. — Élisabeth d'Autriche. — Blaise de Mont-luc. — Maréchal de Tavannes. — Henri III. — Duc de Joyeuse. — Duc d'Alençon. — Barnabé Brisson**, etc. Trente-cinq portraits in-8 et in-4, gravés par Th. de Leu, L. Gaultier, G. Isaac et autres artistes.
Belles épreuves.

885. **Coligny** (G. de), amiral de France, par Josse Amman. In-fol.
Belle épreuve. Remargée.

886. **Coligny** (Les trois frères Gaspard, Odet et François de), en pied, réunis sur une même feuille, gravé par Visscher, d'après M. Duval. In-4.
Très belle épreuve. Rare.

887. **Lorraine** (H. de), duc de Guise, surnommé le Balafré, dans une bordure ovale entourée dans le haut et sur les côtés de figures allégoriques et dans les angles du bas de deux scènes, représentant son assassinat. Pièce anonyme in-fol.

Très belle épreuve. Rare.

888. La quatrième charge de la bataille de Dreux, 1562. — La défaite de Saint-Gilles, 1562. — Le massacre fait à Vassy, 1562. — La Paix faite en l'Isle aux Bœufs, 1563. — La bataille de Saint-Denis, 1567. — La surprise de la ville de Nismes, 1569. Sept pièces gravées sur bois et sur fer par Tortorel et Perissin.

Très belles épreuves.

889. **Henri IV. — Marie de Médicis. — Catherine de Bourbon. — Sully. — Crillon. — Ph. de Plessis-Mornay.** Vingt portraits in-4 et in-fol.

Belles épreuves.

890. « Réduction miraculeuse de Paris sous l'obéissance du Roy Très-chrestien Henri IV ». « Comme sa Majesté le mesme jour estant à la Porte St Denis veid sortir hors de Paris les garnisons estrangeres que le Roy d'Espagne y entretenait ». Deux pièces gravées d'après N. Bollery.

Très belles épreuves.

891. **Alexandre Farnese. — Duc de Mercœur.** — Maréchal de **Biron.** — Comte de **Soissons.** — Maréchal de **Matignon.** — Duc de **Lesdiguières.** — Duc de **Mayenne.** — Frère **Ange de Joyeuse,** etc. Vingt-huit portraits in-4 et in-fol. par Wierrix, Th. de Leu, Lochon et autres artistes.

Belles épreuves.

RÈGNE DE LOUIS XIII.

892. **Louis XIII,** roi de France. Vingt portraits in-4 et in-fol. par L. Gaultier, Briot, G. Isaac et autres artistes.

Belles épreuves.

893. **Louis XIII et Anne d'Autriche** jeunes. Huit portraits in-4 et in-fol. par S. de Passe, B. Montcornet et Rousselet.

Très belles épreuves.

894. **Louis XIII,** deux portraits in-fol. équestres, gravés l'un par un anonyme et l'autre par G. Isaac.

Très belles épreuves. Rares.

895. **Anne d'Autriche,** en costume de veuve. Neuf pièces in-4 et in-fol., gravées, la plupart, par M. Lasne.

Belles épreuves.

896. Portraits de **Louis XIII** et des principaux seigneurs de sa
Cour. Quinze pièces, in-fol., gravées par S. de Passe, tirées
de l'ouvrage de M. de Pluvinel.
Très belles épreuves.

897. Séance d'ouverture des États Généraux de 1614, tenus dans la
salle du couvent des Grand-Augustins à Paris. Gravé par Pic-
quet d'après l'estampe de Ziarnko.
Très belle épreuve avant la lettre.

898. **Gaston**, duc **d'Orléans**, frère du Roi. — **Marguerite de Lorraine**, sa femme. — **Élisabeth, Françoise** et **Marguerite
d'Orléans**, leurs filles, etc. Quinze portraits in-4 et in-fol.,
gravés par Viennot, Poilly et Van Sompel.
Très belles épreuves.

899. **Henri II de Bourbon**, prince de **Condé**. — **Louis II de
Bourbon**, prince de **Condé**. — **Ch. de Montmorency,**
princesse **de Condé**. — **L. de Maillé**, princesse **de Condé**.
Quinze portraits in-4 et in-fol., gravés par G. Huret, M. Lasne
et Mellan.
Très belles épreuves.

900. **Richelieu** (J.-A. Du Plessis, cardinal de). Quatre portraits
in-fol., gravés par M. Lasne et Viennot.
Très belles épreuves. Rares.

901. **Richelieu** (J.-A. du Plessis, cardinal de). Vingt portraits in-4,
gravés par David, M. Lasne, Rousselet et autres artistes.
Très belles épreuves.

902. Duc **de Mercœur**. — Comte de **Morret**. — Comte de **Verneuil**. — Comte **d'Alais**. — Duc **d'Angoulême**, etc. Dix
pièces in-fol., gravées par M. Lasne, Chauveau et G. Huret.
Très belles épreuves.

903. Marquis **de Moy**. — Duc de **Mayenne**. — Marquis **du Pont**.
— Duc de **Guise**. — **Cath. de Joyeuse**, duchesse **de Guise**.
— **Ach. de Lorraine**, prince de Guise. — Duc **d'Elbeuf**.
— Duchesse **d'Elbeuf**. Quinze portraits in-fol., gravés par
David, Frosne, M. Lasne et autres artistes.
Très belles épreuves.

904. I. **Laffemas**. — Le Père **Joseph**. — **Metezeau**. — Vue de la
digue de La Rochelle. — Duc de **Lesdiguières**. — Duc de
Créquy. — Marquis de **Mouy**, etc. Douze pièces in-4 et in-fol.
Très belles épreuves.

905. Maréchal **de Bassompierre**. — Maréchal de **Toyras**. — Duc
de **Schomberg**. — Marquis **d'Estrées**. — Maréchal de **La
Force**. Quatorze portraits in-4 et in-fol. gravés par M. Lasne,
Is. Picart et autres artistes.
Très belles épreuves.

906. **M.** de **Marillac**, chancelier. — Le maréchal de **Marillac**. — **H.** d'**Étampes** de **Valençay**. — Marquis et marquise de **Ros-taing**. — **Ch.** de **Neufville**. — Duc de **Villeroy**, gouverneur de Lyon. — Duchesse de **Villeroy**. Dix portraits in-fol., gravés par M. Lasne, Van Merlen et Morin.

Très belles épreuves.

907. Madame de **Montbazon**, deux portraits. — Madame de **Maisonfort**. Ensemble trois portraits in-4 publiés chez Le Blond.

Très belles épreuves. Rares.

908. **Henry**, duc de **Montmorency**. — Duchesse de **Montmorency**. — Duchesse de **Guéménée**. — Princes et princesses de la maison de **Rohan**. — Cardinal de **La Rochefoucauld**. — Maréchal de **Chatillon**. — Maréchale de **Chatillon**. Vingt-quatre portraits in-4 et in-fol., gravés par V. Merlen, Poilly et V. Schuppen.

Très belles épreuves.

909. **Achille** de **Harlay**. — Dame de **Sancy**, jeune et âgée. — **N.** de **Harlay**. — **Charlotte** de **Harlay**. — **A.** de **Harlay**, évêque de Saint-Malo. — **Catherine** de **Harlay**. Sept portraits in-fol., gravés par V. Merlen.

910. **Ventadour** (M^le de Montmorency, duchesse de), gravé par Frosne. In-fol.

Très belle épreuve. Rare.

911. Le président **Jeannin**. — **G. Lullier**. — **G.** de **Varengelles**. — **G.** du **Vair**. — Marquis de **Chavigny**. — **J. Tubeuf**. — **J.-A.** de **Thou**. — Président de **Maisons**, etc. Vingt-quatre portraits in-fol., gravés par M. Lasne, Frosne et Nanteuil.

Belles épreuves.

912. **L.** de **Mirepoix**. — Duc d'**Arpajon**. — **A.** de **Ventadour**. — **N. B.** de **Sillery**. — **R. Voyer** d'**Argenson**. — **Ch.** et **G**^l de **Laubespine**. Douze portraits in-fol., gravés par G. Huret, Ragot, M. Lasne et autres artistes.

Très belles épreuves.

913. **Ph.** de **La Mothe Houdancourt**, comte de **Guébriant**. — Comte d'**Harcourt**. — Duc de la **Meilleraye**. — **Cl.** de **Pradines**. — **Gassion**. — Comte de **Rantzau**. — Marquis de **Montglat**. — Dix-neuf portraits in-fol., dont plusieurs équestres gravés par G. Huret, Daret et Boulanger.

Très belles épreuves.

914. Comte d'**Avaux**. — **M. Molé**. — **R.** de **Longueil**. — **J.-J. Henri** de **Mesmes**. — **H.** de **Mesmes**. — **Omer Talon**. — **N.** de **Bailleul**, etc. Vingt portraits in-fol., gravés par M. Lasne, Lochon et autres artistes.

Très belles épreuves.

915. **J. F. de Gondy**, premier archevêque de Paris. — **J. F. de Gondy**, cardinal de Retz. Quatre portraits in-4 et in-fol., gravés par Viennot et Rousselet.

> Très belles épreuves.

916. Saint **Vincent de Paul**. Quatre portraits in-fol. gravés par Boulanger et Pitau.

> Très belles épreuves.

917. **Pierre Corneille**. — **J.-L. Guez** seigneur de **Balzac**. Trois portraits in-4 et in-fol., gravés par M. Lasne et Vallet.

> Très belles épreuves.

918. **H. d'Urfé**. — **Chapelain**. — **Descartes**. — **Conrart**. — **Gassendi**. — **G. Ménage**. — **Scudéry**. — **Voiture**. Douze portraits in-4 et in-fol. gravés par Cossin, Edelinck et Nanteuil.

> Belles épreuves.

919. Saint **François de Salles**. — Cardinal de **Bérulle**. — **Jansenius**. — Le Père **Caussin**. — Cardinal **Le Camus**. — Cardinal **du Perron**. — **De Harlay de Chanvallon**. — **Duvergier de Hauranne**, etc. Trente portraits in-4 et in-fol. gravés par M. Lasne, Morin et autres artistes.

> Belles épreuves.

920. **Charles Ier**, roi d'Angleterre. — **Henriette de France**, sa femme. — **G. Villiers**, duc de **Buckingham**. — **F. Bacon**. — Lord **Strafford**. — Jugement et exécution de Lord **Strafford**. Quatorze pièces in-4 et in-fol. gravées par Faithorne, Hollar et C. Galle.

> Belles épreuves.

921. **Gustave-Adolphe**, roi de Suède. — **Christine**, reine de Suède. — Le duc **Bernhard de Saxe**. — **Ch. Wrangel**. — **J. Georges II**, duc de Saxe. — **Piccolomini**. — **Amb. Spinola**. — **J. de Weerth**, etc. Vingt-huit portraits in-4 et in-fol.

> Très belles épreuves.

921 bis. **Ferdinand III**. — **Frédéric**, roi de Bohême. — **Rudolphe II**. — **Guillaume** comte de **Nassau**. — Comte **d'Egmont**. — **Frédéric-Henri**, prince d'Orange. — L'archiduc **Albert**. — Comte de **Tassis**. — Comte de **Tilly**. Vingt portraits in-4 et in-fol. gravés par Hondius, P. Pontius, P. de Jode et autres artistes.

> Très belles épreuves.

922. **Ambroise Spinola**. — **Wallenstein**. Deux portraits in-fol., gravés par Henri et G. Hondius.

> Très belles épreuves. Rare.

922 *bis*. **Duc de Rohan.** — **Duchesse de Montbazon.** — Marquis de Verneuil. — H. de Sourdis. — E. d'Aligre. — Élisabeth de Bourbon. — Christine de France. — Olymphe, princesse de Saint-Martin, etc. Trente-cinq portraits in-8 et in-4.

> Belles épreuves.

923. Quatre-vingt-dix portraits in-4, gravés par Frosne, Daret et Montcornet, dont un grand nombre de rares. des personnages marquants du règne de Louis XIII, etc.

> Très belles épreuves avec marges.

RÈGNE DE LOUIS XIV.

924. **Anne d'Autriche**, régente de France. Sept portraits in-fol. gravés par Nanteuil, de Larmessin et Mellan.

> Très belles épreuves.

925. **Louis XIV**, jeune. Quatorze portraits in-4 et in-fol., gravés par van Schuppen, Poilly et autres artistes.

> Belles épreuves.

926. **Louis XIV**, jeune. Trois portraits in-fol., gravés par Poilly et van Schuppen.

> Très belles épreuves.

927. **Louis le Grand**, roy de France, en pied, en costume de cour. In-fol.

> Très belle épreuve. Très rare.

928. **Louis le Grand.** Deux portraits équestres, in-fol., gravés par J.-D. de Saint-Jean et N. Bazin.

> Très belles épreuves. Rares.

929. **Louis XIV** âgé. Neuf portraits in-fol., gravés par Edelinck, Crespy, Thomassin et autres artistes.

> Très belles épreuves.

930. **Louis XIV** à tous les âges. Trente-deux portraits in-8 et in-4, dont quelques-uns de fort rares, gravés par Audran, Edelinck, Landry et autres artistes.

> Très belles épreuves.

931. **Le Roi.** — **La Reine.** Deux portraits en pied, gravés par J.-D. de Saint-Jean et N. Habert.

> Très belles épreuves.

932. **Marie-Thérèse.** Six portraits in-fol., gravés par Pitau, Visscher et Gole.

> Très belles épreuves.

933. **Louis,** dauphin, fils de Louis le Grand, en pied, en costume de cour, gravé par Trouvain. In-fol.

Très belle épreuve. Remargée.

934. **Louis,** le Grand Dauphin. Six portraits in-fol., dont un équestre, gravés par N. Bazin, Drevet et autres artistes.

935. **Louis, duc de Bourgogne.** — **Marie-Adélaïde, duchesse de Bourgogne.** Deux portraits petit in-fol. faisant pendants, gravés par S. Thomassin.

Très belles épreuves. Rares.

936. Duc et duchesse **de Bourgogne.** Sept portraits in-fol., gravés par Edelinck, Crespy et autres artistes.

Très belles épreuves.

937. **Philippe, duc d'Anjou,** puis roi d'Espagne. Cinq portraits in-4 et in-fol., dont un équestre, gravés par Schmidt, Vermeulen et autres artistes.

Très belles épreuves.

938. **Philippe de Bourbon, duc d'Orléans,** Monsieur. — **Henriette Stuart, duchesse d'Orléans.** Deux portraits in-fol., faisant pendants, gravés par N. de Larmessin.

Très belles épreuves, légèrement rognées de chaque côté. Rares.

939. **Philippe, Monsieur,** fils de France. — **Élisabeth-Charlotte de Bavière, Madame, duchesse d'Orléans.** Deux portraits équestres in-fol., faisant pendants, gravés par N. Bazin en 1686.

Très belles épreuves. Rares.

940. **Philippe de France,** Monsieur. — **Henriette** d'Angleterre. — **Élisabeth-Charlotte,** princesse palatine. Douze portraits in-fol. gravés par Poilly, Habert et Scotin.

Belles épreuves.

941. **Anne-Marie-L**se **d'Orléans, duchesse de Montpensier,** La Grande Mademoiselle. Deux portraits in-fol., gravés par Vermeulen et Vallet.

Très belles épreuves, la dernière pièce est découpée à l'ovale.

942. **Louis de Bourbon, duc du Maine.** — **Fr.-Louis de Bourbon, prince de Conti.** — **Princesse de Conti.** Douze portraits in-4 et in-fol.

Très belles épreuves.

943. **Louis II de Bourbon, prince de Condé.** — **Princesse de Condé.** — **Duc et duchesse d'Enghien.** Douze portraits in-4, gravés par Nanteuil, Poilly et Montcornet.

Belles épreuves.

944. Entrevue de Louis XIV et de Philippe IV dans l'île des Faisans.
— Renouvellement d'alliance entre la France et les Suisses.
— Cérémonie du mariage de Louis XIV avec Marie-Thérèse
d'Autriche. Trois pièces d'après les dessins de Lebrun, exé-
cutées en tapisseries.

> Belles épreuves.

945. Premier appartement de la suite des appartements du roi
Louis XIV : Mgr le duc **d'Anjou**, le duc **de Berry**, le prince
de Galles et le comte **de Brienne** jouant aux billes, gravé
par Trouvain.

> Superbe épreuve. Rognée au trait carré.

946. Seconde chambre des appartements : **Monseigneur**, Madame
la princesse **de Conty, douairière**, Monsieur le duc **de
Bourbon**, Madame la duchesse **de Bourbon** et M. **de Vendôme**, grand prieur de France, jouant aux cartes, gravé par
Trouvain.

> Belle épreuve. Remargée.

947. Troisième appartement : Le **Roy**, **Monsieur**, Monsieur le duc
de Chartres. M. le comte **de Toulouse**, M. le duc **de Vendôme**, M. **d'Armagnac**, et M. **de Chamillart**, jouant
au billard, gravé par Trouvain.

> Superbe épreuve avec marge.

948. Cinquième chambre des appartements : Les princes et les princesses au concert, gravé par Trouvain.

> Très belle épreuve. Rognée au trait carré.

949. Sixième chambre des appartements : Les princes réunis au buf-
fet, gravé par Trouvain.

> Très belle épreuve. Rognée au trait carré.

950. Le **Roy**. — La **Reyne**. — Le **Grand Dauphin**. — **Monsieur**. —
Duc et duchesse **de Bourgogne**. — Duc et duchesse **du
Maine**. — Duc et duchesse **de Chartres**. — Duc et duchesse
de Bourbon. — Prince et princesse **de Conty**. — Princesse
de Conty douairière, etc. Trente portraits grand in-4, en
pied, des princes et princesses de la famille royale, gravés
par Bonnart, Saint-Jean et Trouvain ; ils sont des plus inté-
ressants et comme portraits et comme costumes.

> Très belles épreuves.

951. **Anne d'Autriche**. — **Marie Thérèse**. — Le **Grand Dauphin**. — La **Dauphine**. — Princes et princesses de la famille
royale. Quarante-cinq portraits in-8 et in-4, gravés par De
Larmessin, Crespy et autres artistes.

> Très belles épreuves.

952. **Philippe de France.** — **Henriette** d'Angleterre. — **Ch. Élizabeth**, princesse palatine. — Duchesse **de Savoye.** — **M**^{lle} **de Chartres**, etc. Dix-huit portraits in-8 et in-4, de la famille d'Orléans, gravés la plupart par Crespy et de Larmessin.

> Très belles épreuves.

953. Almanach pour l'année 1671. « L'auguste séance de leurs majestez en Flandre. » *A Paris, chez P. Bertrand.*

> Très belle épreuve.

954. Almanach pour l'année 1689. — « Philisbourg assiégé par Mgr le Dauphin, le X octob^{re} 1688 et pris le prem^r novem^e, jour de sa naissance. » *A Paris, chez N. Langlois.*

> Très belle épreuve sans le calendrier.

955. Almanach pour l'année 1694. « La France victorieuse par mer et par terre, sous les ordres de Louis le Grand. » *A Paris, chez N. Langlois.*

> Très belle épreuve.

956. Almanach pour l'année 1695. — « L'arrivée subite de Monseigneur le Dauphin avec l'armée du Roi à Espierre le 24 aoust 1694 », etc. *A Paris, chez N. Langlois.*

> Très belle épreuve sans le calendrier.

957. Almanach pour l'année 1696. — « Le Mérite récompensé par Louis le Grand, dans la distribution des dignitez de l'église et des charges de l'État et les expéditions militaires de l'année 1695. » *A Paris, chez N. Langlois.*

> Très belle épreuve sans le calendrier.

958. Almanach pour l'année 1697. — « La solennelle ambassade du Roy de Siam au Roy, pour l'establissement du commerce avec ces peuples d'orient, les cérémonies de la lettre et des audiences. » *A Paris, chez Jean Baptiste Nolin.*

> Très belle épreuve manquant de conservation.

959. Almanach pour l'année 1699. — « Le camp de Coudun près de Compiègne, où l'art de la guerre enseigné par le Roy à Meisseigneurs les Princes, Enfants de France. » *A Paris, chez N. Langlois et chez Trouvain.*

> Très belle épreuve sans le calendrier.

960. Cérémonie du baptême de Mgr le Dauphin fait à Saint-Germain-en-Laye, le 24 mars 1668. — Guillaume III proclamé roi d'Angleterre. Deux grandes pièces en largeur, gravées par R. de Hooghe.

> Très belles épreuves.

961. Quatre-vingts portraits in-8 et in-4, gravés, la plupart, par des artistes contemporains, des princes et princesses des familles de Condé et de Conty, de personnages ayant joué un rôle dans la Fronde et de ministres de Louis XIV.

Très belles épreuves.

962. **La princesse de Longueville.** — **La comtesse de Fiesque.** Deux portraits in-8, gravés par Regnesson et G. Huret.

Très belles épreuves. Rares.

963. **Ninon de Lenclos.** Petite pièce rare, gravée au pointillé d'après le tableau donné par Ninon à la comtesse de Sandwich.

Très belle épreuve. Remargée.

964. Mlle **de La Vallière.** — Mme **de Montespan.** — Mlle **de Fontanges.** — Mme **de Maintenon.** Vingt-six portraits in-8 et in-4, dont plusieurs fort rares, gravés par Edelinck, Larmessin, Ficquet et autres artistes.

Belles épreuves.

965. Mlle **de La Vallière.** — Mme **de Montespan.** — Mme **de Maintenon.** Onze portraits in-4 et in-fol.

Belles épreuves.

966. **M. Mad^{ne} G^{le} de Rochechouart de Mortemart**, abbesse de Fontevrault, gravé par Gantrel, 1693. In-fol.

Très belle épreuve. Rare.

967. **Mazarin** (Le cardinal J.). Quatorze portraits in-4 et in-fol., gravés par Morin, Nanteuil et autres artistes.

Belles épreuves.

968. **Duc de Beaufort.** — **Duc de Mercœur.** — **Cardinal de Retz.** — **Mathieu et Edouard Molé.** — **P. Broussel.** Dix-huit portraits in-fol., gravés par Nanteuil, Poilly et Meilan.

Très belles épreuves.

969. **Duc de Longueville.** — **Duchesse de Longueville.** — **Comte de Saint-Paul.** — **Duc de Chevreuse.** — **Duc de Chaulnes.** — **Duchesse de Chaulnes.** Quatorze portraits gravés par Nanteuil, Simon et autres artistes.

Belles épreuves.

970. **Omer Talon**, avocat général. — **Denis Talon**, avocat général. — **Lefèvre d'Ormesson.** — **N. Fouquet**, surintendant des finances. — **F. Fouquet**, archevêque de Narbonne. — **F. Fouquet**, maître des requêtes. Quatorze portraits in-fol. gravés par Morin, Nanteuil et Masson.

Très belles épreuves.

971. **P. Séguier**, chancelier de France. — **N. de Lamoignon**, intendant de Languedoc. — **Ch. de Lamoignon**, avocat général. — **Pomponne de Bellèvre**, premier président Quatorze portraits in-fol., gravés, par G. Huret, Nanteuil et V. Schuppen.

Très belles épreuves.

972. **N. Colbert**, contrôleur général des finances. —Comte **de Maulevrier**. — **H. de Lionne**. — Marquis de **Seignelay**. — **M. Le Tellier**, chancelier de France. Vingt-quatre portraits in-4 et in-fol., gravés par Nanteuil, Edelinck, etc.

Belles épreuves.

973. **Ch.-M. Le Tellier**, archevêque de Reims. —**F.-M. Le Tellier**, marquis de **Louvois**. — Marquis de **Barbezieux**, secrétaire d'État. — **C. de Louvois**, bibliothécaire du Roi. Douze portraits in-fol.

Belles épreuves.

974. **Lomenie de Brienne**. — **Ph. de la Vrillière**, secrétaire d'État. — **R. de Longueil**, premier président au Parlement. — **L. Boucherat**, chancelier de France. — **H. de Mesmes**, président au Parlement. — **Ant. de Mesmes**, président à mortier. — **P. Seguier**, etc. Vingt portraits in-fol., gravés, la plupart par Nanteuil et Mellan.

Belles épreuves.

975. **Turenne**. — **Fabert**. — **J. de Schulemberg**. — Maréchal de **Gramont**. — Maréchal **de la Meilleraye**. — Comte de **Broglie**. — Duc de **Bouillon**. — **E.-Th. de la Tour d'Auvergne, duc d'Albret**. Seize portraits in-fol., gravés, la plupart, par Nanteuil.

Belles épreuves.

976. Maréchal de **Navailles**. — Duc de **Villeroy**. — Duc de Saint-**Aignan**. — Duc de **Tresmes**. — **H. de Beringhem**. — Duc **d'Aumont**. Quinze portraits in-4 et un fol., gravés, la plupart par Grignon, Giffart et Vallet.

Belles épreuves.

977. Duc de **Schonberg**. — **J. de Souvré**, grand prieur de France. — Maréchal **d'Estrades**. — Comte **d'Avaux**. — Comte **d'Harcourt**. — Le maréchal **d'Estrées**. Dix portraits in-fol., gravés par Picart, Smith et autres artistes.

Belles épreuves.

977 *bis*. **Jean-Bart**. — **Duquesne**. — **Dugay-Trouin**. — **Le Bouthilier**. — Chevalier de **Rancé**. — **Tourville**. Huit portraits in-4 et in-fol., gravés par de Larmessin, Coelmans et Gantrel.

Belles épreuves, plusieurs sont rares.

978. **C. P. Dalbret,** gouverneur de Guienne. —. **Ch. Dailly,** duc de Chaulnes. — Le Maréchal **de Créquy.** — Comte du **Lude.** — **B. de La Valette,** duc d'Epernon. — Comte d'Estrades. — **J. de La Mothe-Houdancourt.** — **H.-Ch. de la Trémoïlle.** — **N. de Paris.** — Maréchal **de Villeroy,** etc. Vingt portraits in-4 et in-fol., gravés, la plupart, par Simon, Masson et Lenfant.

> Belles épreuves.

979. **Ant. Arnauld.** — **H. Arnauld,** évêque de Toul. — La Mère **A. Arnauld.** — **Arnauld d'Andilly.** — **Bl. Pascal.** — Le **Maistre de Sacy.** —. **L. G. de Saint-Amour.** — Vues de Port-Royal. Douze portraits in-4, gr. in-fol., gravés par Edelinck, V. Schuppen et autres artistes.

> Très belles épreuves.

980. **Daniel Huet,** évêque de Soissons, puis d'Avranches, gravé par L. Moreau, d'après S. Dequoy. In-fol.

> Très belle épreuve. Rare.

981. **Jacques Lescot,** évêque de Chartres, mort le 22 aoust 1656. In-fol.

> Très curieux dessin aux deux crayons, sur papier huilé.

982. **J. Amelot.** — **F. de Nesmond,** président au Parlement de Paris. — Le président **Le Camus.** — Le président **Potier de Novion.** — **G. Chamillard.** — **Et. d'Aligré,** intendant des finances. — **Th. Bignon,** président au Grand Conseil. Quinze portraits in-fol., gravés, la plupart, par Nanteuil, Poilly et Pitau.

> Belles épreuves.

983. **A. de Seve,** conseiller au Parlement. — **Dreux d'Aubray,** lieutenant civil. — **P. Poncet.** — **P.-P. Riquet.** — **De Mesgrigny,** premier président au Parlement de Provence. — **D. Voysin.** — **P. Barentin,** président au Grand Conseil. — **Cl. Bazin.** Douze portraits in-fol., gravés, la plupart, par Nanteuil et V. Schuppen.

> Belles épreuves.

984. **La Fontaine.** — **Molière.** — **Racine.** — **Boileau.** — **Benserade.** — **Quinault.** — **Le Nostre.** — **Mansart.** — **Lully.** — **Baron,** etc. Quinze portraits in-4 et in-fol. gravés, la plupart, par Edelinck et Daullé.

> Très belles épreuves.

985. Le R. P. Don **A. J. Le Bouthilier de Rancé,** abbé du Monastère de Notre-Dame de la Trappe. Trois portraits in-4, gravés par Bazin et un graveur anonyme.

> Très belles épreuves, une est avant toutes lettres. Rares.

986. **P^t de Mesmes. — Colbert. — L'abbé de Rancé. — St Vincent de Paul. — St François de Sales. — Duc de Bourgogne. — M^{al} de Noailles. — Mézeray. — Bossuet. — De Montausier. — Cte de Tavannes. — Vauban.** Quarante-six portraits in-8, gravés par Landry, Lochon, Masson, Pitau, Poilly, Roullet et autres artistes.
>Très belles épreuves. La plupart de ces portraits sont fort rares.

987. **Charles IV**, duc de Lorraine. — **Charles V**, duc de Lorraine. Huit portraits in-fol., dont un équestre, gravés par Gole, Heinzelman et autres artistes.
>Très belles épreuves.

988. **A^{de} de Lorraine d'Harcourt**, abbesse de l'abbaye de Soissons. — **L. Ch. de Foix, de La Valette d'Épernon**, carmélite. — **L. Crevant d'Humières**, abbesse de l'abbaye de Monchy. — **Madame de Miramion**. — **Marie de Bragelonne**. — **Maréchale de la Mothe-Houdancourt**. Neuf portraits in-4 et in-fol., gravés par Édelinck, Drevet, Poilly et autres artistes.
>Belles épreuves.

989. **Dony d'Attichy. — A. de Béthune**, évêque de St-Flour. — Le cardinal **Barberin. — J. de Maupeou**, évêque de Chalon-sur-Saône. — **F. de Harlay**, archevêque de Paris. — **F. de Harlay**, archevêque de Rouen. — **H. de Laval**, évêque de La Rochelle. — **N. Pavillon**, évêque d'Alet, etc. Dix-sept portraits in-fol., gravés, la plupart, par Nanteuil, Jollain et Gantrel.
>Belles épreuves.

990. **Nicolas Colbert**, archevêque de Rouen. — **Le Bouthilier**, archevêque de Tours. — **J. de Matignon**, évêque de Condom. — **P. de Marca**, archevêque de Paris. — **H. de Perefixe de Beaumont**, archevêque de Paris. — **G. de Seve de Rochechouart**, évêque d'Arras, etc. Douze portraits in-fol., gravés, la plupart, par Nanteuil, Edelinck et Lenfant.
>Belles épreuves.

991. **Ange de Joyeuse. — Abbé de Louvois. — L'abbé Brigalier. — Le Père La Chaise. — La Moignon. — J. Ollier. — P. Corneille. — Philippe d'Orléans. — Bussy-Rabutin. — M^{al} de Vitry. — Louvois. — Duc du Maine. — N. de Blegny**, etc. Quarante-huit portraits in-8, dont un grand nombre de fort rares, gravés par Audran, A. Bosse, David, Edelinck, Gantrel et autres artistes.
>Très belles épreuves.

992. **Henri de Lorraine**, comte de **Brionne**, grand écuyer. — **J.-B. Choiseul**, marquis de **Praslin**, brigadier des armées du Roi. Deux portraits in-fol. gravés par Lubin et Sarrabat.
>Très belles épreuves. Rares.

993. **Henri** et **J. Louis, marquis de Beringhen**, écuyers du Roi. — **Marquis de Dangeau.** — **Pardaillan de Gondrin**, lieutenant général en Alsace. — **Ch. A. de Broglie**, lieutenant général des armées du Roi. — **Duc de Montausier**, gouverneur du Dauphin. Neuf portraits in-4 et in-fol., gravés, la plupart, par Roullet, Drevet et Chereau.

Très belles épreuves.

994. **Ch. Colbert, marquis de Croissy.** — **Phelypeaux de Pontchartrin**, chancelier de France. — **Cl. Le Pelletier.** — **Le Pelletier de Soucy**, intendant des Finances. — **M. Demaretz.** — **Le Fevre de Caumartin**, conseiller d'État. — **L. Crecy, comte de Verjus.** — **H. Courtin.** — **H. de Fourcy de Chesy**, président des Enquêtes. Quinze portraits in-4 et in-fol., gravés la plupart par Edelinck, Drevet et Masson.

Belles épreuves.

995. **Cardinal de Bonzy.** — **Arnauld de Pomponne.** — **De Grignan**, archevêque d'Arles. — **P. Le Moyne.** — **Ant. Godeau.** — **Simianes de Gordes**, aumônier du Roi. — **P. Godet des Marais**, évêque de Chartres, etc. Quinze portraits in-fol., gravés par V. Schuppen, Poilly et autres artistes.

Belles épreuves.

996. **Bossuet.** — **Bourdaloue.** — **Fénelon.** — **Massillon.** — R^d P^{re} **Montfaucon.** — Le Père **La Chaise**, etc. Trente portraits in-4 et in-fol. d'ecclésiastiques, gravés par N. Edelinck, Habert, Van Schuppen et autres artistes.

Très belles épreuves.

997. Cardinal **de Bouillon.** — **J.-B. Bossuet**, évêque de Meaux. — **Fénelon**, évêque de Cambrai. — **F. de Harlay**, archevêque de Paris. — **L.-A. de Noailles**, archevêque de Paris. — **H. Oswald**, cardinal d'Auvergne. Neuf portraits in-fol., gravés par Poilly, Audran et autres artistes.

Belles épreuves.

998. Cardinal **de Bouillon.** — **César d'Estrées**, évêque de Laon. — **J. d'Estrées**, archevêque de Cambrai. — **F. de Clermont**, évêque de Noyon. — **Ch. F. de Loménie de Brienne**, évêque de Coutances. — **F. de la Roquette**, archevêque de Sens. — **Cl. de Saint-Simon**, évêque de Metz, etc. — Douze portraits in-fol., gravés par Nanteuil, Daullé et autres artistes.

999. **L. Boucherat.** — **J. Foucault**, intendant de Basse-Normandie. — Marquis **de Torcy**, intend^t général des Postes. — **La Reynie**, lieutenant de police. — **S. Arnaud de Pomponne**, ministre des Affaires étrangères. — **J. Turgot**, président du Parlement de Normandie, etc. Douze portraits in-4 et in-fol. gravés, la plupart, par V. Schuppen et Gantrel.

Belles épreuves.

1000. **Comte de Lorge**. — **Maréchal d'Estrées**. — **Comte de Grignan**, lieutenant général en Provence. — **Maréchal de Puységur**. — **Villars**. — **Villeroy**. — **Vauban**. Seize portraits in-4 et in-fol., gravés par Daullé, Wille et autres artistes.

> Belles épreuves.

1001. **Maréchal de Boufflers**. — **Maréchal de Berwick**. — **Bardo-Bardi**. — **Catinat**. — **Marquis de Chamilly**, premier gouverneur de Strasbourg. — **Maréchal d'Humières**. — **Maréchal de Luxembourg**. — **Maréchal de Noailles**. — Marquis de **Néelle**, etc. Dix-sept portraits in-4 et in-fol., gravés, la plupart, par Thomassin et Vermeulen.

> Belles épreuves.

1002. **Ch.-H. de Lorraine**, prince de **Vaudemont**. — **Léopold-Clément**, duc de Bar. — **Victor-Amédée**, duc de Savoie. — Le Prince **Eugène**. — **Charles III**, roi d'Espagne. — **Sobieski**. — **Auguste III**, roi de Pologne. Dix-huit portraits in-fol. gravés par de Larmessin, Smith, Verkolye et autres artistes.

> Belles épreuves.

1003. **Jacques II**, roi d'Angleterre. — **Jacques III**. — **Guillaume III**. — Duc de **Marlborough**. Neuf portraits in-fol., gravés par Smith, Gunst et autres artistes.

> Belles épreuves.

1004. **Louise-Marie**, reine de Pologne. — **Christine**, reine de Suède. — **Catherine de Neufville**, duchesse de Guise. — **Marie de Neufville**, dame de Courcelles. — Duchesse de Nemours. — Duchesse de **Guise**. — **Christine**, duchesse de Savoie, etc. Quatorze portraits in-4 et in-fol., gravés, la plupart, par Grignon, Rousselet et Boulanger.

> Belles épreuves.

1005. Duchesse d'Aumont. — De la Feuillade. — De Foix. — De Lauzun. — Du Lude. — De Richelieu. — De Roquelaure. — De Vantadour. — De Villeroy. — Marquise Dangeau. — D'Estrades. — De Florensac. — De Seigneley. — Comtesse d'Armagnac. — D'Ayen. — De Lislebonne. — De Ludre. — Du Roure. — Mademoiselle Loison. — De Loube-de-Pons. Vingt et un portraits grand in-4, en pied, gravés par Trouvain.

> Très belles épreuves.

1006. Marquise de Montespan. — Mme de Maintenon. — Duchesses de Bouillon; — De Savoye; — De Saint-Simon; — De Valentinois. — Princesses de Soubise; — D'Épinay. — Marquises d'Anjeau; — De Villequier. — Marguerite de **Lorraine**. Quinze portraits grand in-4, en pied, gravés par Trouvain.

Très belles épreuves, une est coloriée.

1007. **Jacques II.** — Maréchal de **Boufflers.** — De **Catinat.** — De **Choiseul.** — De **Maillebois** — **Tourville.** — Duc de **Beauvillier.** — De **Chaulnes.** — De **Lesdiguières.** — De **Lorraine.** — De **Montmorency.** — De **Vendôme.** — Marquis de **Barbezieux.** — De **Joyeuse.** — Chevalier de **Bouillon.** — Le chancel^r **Boucherat.** — F. de **Harlay.** — Cardinal **Lecamus.** — Chancel^r de **Pontchartrin.** Vingt-trois portraits en pied, gravés par Bonnart et autres artistes.

Très belles épreuves.

1008. L'abbé **Bignon,** bibliothécaire du Roi. — **Furetière,** de l'Académie française. — A. **Felibien.** — **Lafond,** gazetier. — **Loret-Mezeray,** de l'Académie française. — **Abel de Sainte-Marthe,** garde de la Bibliothèque de Sa Majesté. Dix portraits in-4 et in-fol., gravés par Edelinck, Nanteuil et autres artistes.

Belles épreuves.

1009. Séance ordinaire des États de Languedoc. Grande pièce, avec légende explicative, gravée par B. Picart en 1704.

Très belle épreuve.

RÈGNE DE LOUIS XV.

1010. **Orléans** (Philippe, duc d'), régent de France. Six portraits in-4 et in-fol., gravés par Chereau, Duflos et autres artistes.

Belles épreuves.

1011. Mme de **Parabère.** — Mme de **Sabran.** Deux portraits in-fol., gravés par Chereau.

Belles épreuves.

1012. Cardinal **Dubois.** — Cardinal **Fleury.** Deux portraits in-fol.

Très belles épreuves.

1013. Card^l de **Fleury.** — Le card. **Dubois.** — L'abbé **Laic.** — **Albéroni.** — Le card^l de **Noailles.** — F. de **Beauvau.** — G. de **Vintimille,** etc. Quinze portraits in-4 et in-fol., gravés par Drevet, Chereau et autres artistes contemporains.

Très belles épreuves.

1014. **Jean Law.** — Madame **Law.** — Rue Quinquempoix. — La folie Incroyable de la vingtième année du XVIIIe siècle. — La Grange Chancel, etc. Sept pièces gravées par Schmidt, Langlois, Duchange et autres.

Très belles épreuves.

1015. **Louis XV**, roi de France, buste demi-nature, gravé à la manière du crayon, par Bonnet, d'après M. Vanloo. In-fol.

> Très belle épreuve.

1016. **Leckzinska** (Marie), reine de France, en buste et revêtue d'un riche costume, dans une bordure ovale; gravé par L. Cars, d'après M. Vanloo. In-fol.

> Très belle épreuve. Remargée.

1017. **Louis XV** et **Marie Leckzinska** jeunes, réunis sur la même feuille. Pièce in-4, gravée par Moyreau, d'après Vanloo.

> Très belle épreuve. Rare.

1018. **Louis XV**. — **Marie Leckzinska**. Deux portraits in-fol., en pied, faisant pendants, gravés par Petit et Chereau, d'après Vanloo.

> Très belles épreuves.

1019. **Louis XV**. — **Marie Leckzinska**. Dix-huit portraits in-4 et in-fol., gravés par Gauthier, Dagoty, François et De Larmessin.

> Très belles épreuves.

1020. Almanach pour l'année 1728. « L'Auguste naissance de Mesdames de France à Versailles le 14 aoust 1727. »

> Très belle épreuve, manque la moitié de la partie inférieure.

1021. **Louis**, dauphin. — **Marie-Thérèse** d'Espagne; **Marie-Josèphe** de Saxe, dauphines. Dix portraits in-4 et in-fol., gravés par Daullé, De Larmessin et Wille.

> Belles épreuves.

1022. **Louis**, duc d'Orléans. — **Duc de Chartres**. — **Caroline**, duchesse **de Bourbon**. — **L^e Hⁱ de Bourbon-Conty**, duchesse **d'Orléans**. — **L. de Bourbon, P^{ce} de Condé**. — **Louis F^s de Bourbon, P^{ce} de Conti**. Sept portraits in-4 et in-fol., gravés par Daullé, Drevet et Petit.

> Très belles épreuves.

1023. **Louis-Philippe, duc d'Orléans**. Trois portraits in-4, dont un équestre, gravés par Delafosse, d'après Carmontelle, Brookschaw et Saint-Aubin.

> Très belles épreuves.

1024. Madame **de Châteauroux**. — La marquise **de Pompadour**. Deux portraits in-4 et in-fol., gravés par Baléchou et Watson.

> Très belles épreuves.

1025. **Pierre Ier de Russie**. — **François-Étienne, duc de Lorraine**. — **Frédéric-Auguste, roi de Pologne**. — **Stanislas Leckzinski**. — **Charles de Lorraine**. — **Charles-Édouard**, le prétendant. — **Charles**, prince de Galles. Neuf portraits in-4 et in-fol., gravés par L. Cars, Wille et autres artistes.

1026. P. Galluccio L'Hospital, ambassadeur en Russie en 1756. Gravé par Ch. Teucher, d'après Le Tocqué. In-fol.

Très belle épreuve. Rare.

1027. M. V. de Paulmy d'Argenson, lieutenant de Police. — R. Hérault, lieutenant de police. — Chancelier d'Aguesseau. — Comte d'Avaux. — Denis Cochin. — Fleuriau d'Armenonville, etc. Vingt-cinq portraits in-4 et in-fol., gravés par Duflos, Liotard, Pitau et autres artistes contemporains.

Très belles épreuves.

1028. Belzunce (H¹-X⁰ʳ de), évêque de Marseille. Gravé par N. Pitau, d'après Gobert. In-fol.

Très belle épreuve. Rare.

1029. De Beaumont, archevêque de Paris. — J. Quesnel-Chaubert, abbé de Sainte-Geneviève. — Egout de Quewillo. — Card¹ de la Trémoïlle. — Card¹ de Polignac. — Card¹ de Rohan. — Card¹ de Tencin. — J. de Vaugirauld, évêque d'Angers, etc. Vingt portraits in-4 et in-fol., gravés par des artistes contemporains.

Belles épreuves.

1030. Duc de Broglie. — F. de Chevert. — Cᵗᵉ de Guerchy. — Ch. de la Mothe-Houdancourt. — Cᵗᵉ de Laval. — Maillebois. — Duc de Nivernais. — Duc de Richelieu. — Mᵃˡ de Saxe. Quinze portraits in-4 et in-fol., gravés par Duflos, Watson, Wille et autres artistes.

Très belles épreuves.

1031. B. Belidor. — Duc de Biron. — F. de Belle-Isle. — Cᵗᵉ d'Estrées. — Mⁱˢ de Lostanges. — W. de Lowendal. — A. de Ville, etc. Quinze portraits in-4 et in-fol. gravés par Drevet, Moitte, Wille et autres artistes.

Belles épreuves.

1032. Farvaques (A.-J. de Bullion, marquis de), lieutenant gᵃˡ des armées du Roy. Gravé par Ravenet, d'après Vanloo. In-fol.

Très belle épreuve. Très rare.

1033. Montcalm (Lˢ-Jʰ, marquis de), général des armées de France au Canada. Gravé par A. L. De la Live. In-fol.

Très belle épreuve. Excessivement rare.

1034. J.-B. Bertin. — Et.-F., duc de Choiseul. — Cᵗ Gˡ de Choiseul, duc de Praslin. — Comte de Maurepas. — Mⁱˢ de Marigny. Onze portraits in-4 et in-fol., gravés par Gaillard, Fessard, Wille et autres artistes.

Très belles épreuves.

1035. Cte d'Argenson. — J.-B. Bertin. — Mis de Breteuil. — H^i Cochin. — Paris de Montmartel. — Et^e F^s, duc de Choiseul. — Le Normant de Tournehem, etc. Seize portraits in-4 et in-fol., gravés par des artistes contemporains.

Très belles épreuves.

1036. **Fontenelle** (B. de), de l'Académie française. Gravé par A.-L. De Lalive, d'après Vorio. In-fol.

Très belle épreuve avec toute sa marge. Rare.

1037. Cte de Buffon. — Nivelle de la Chaussée. — Cte de Caylus. — Clairault. — Duhamel. — Linné. — H. de La Mothe. — Piron. — Ch^er de Pancey. — Réaumur. — Raynal, etc. Vingt portraits in-4 et in-fol., gravés par des artistes contemporains.

Très belles épreuves.

1038. Frère **J. de Beaulieu**. — L. Dubreuil. — F. Quesnay. — D^s Sayfert. — C.-T. de Vermont. Sept portraits in-4 et in-fol. de médecins et chirurgiens, gravés par Tardieu, Nicolet et François.

Très belles épreuves.

1039. Mme la comtesse **Du Barry**. — La chevalière d'Eon. Deux portraits in-fol., gravés par Beauvarlet et Burke.

Belles épreuves; le portrait de Mme Du Barry est rogné de chaque côté de la planche.

1040. Condillac. — Diderot. — Dalembert. — Mme Duchatelet. — Helvetius. — Marivaux. — Métastase. — Montesquieu. — J.-J. Rousseau. — Voltaire. — La malheureuse famille Calas. — Damade Beller entre ses deux défenseurs, etc. Vingt-cinq portraits in-4 et in-fol., gravés par des artistes contemporains.

Très belles épreuves.

1041. F. Arnaud, de l'Académie Française. — Du Bertrand, principal du collège de Navarre. — Card^l de Bernis. — Du Chapeau, curé de St-Germain-l'Aux^s. — Ch. Coffin, recteur de l'Université de Paris. — Le Clerc de Juigné, archevêque de Paris. — L'abbé Terray. — A. de Talleyrand-Périgord, Coad^{eur} de l'archevéché de Reims, etc. Quinze portraits in-4 et in-fol.

Très belles épreuves.

1042. Le Ch^er d'Assas. — Des Herbiers. — Dupleix. — De La Bourdonnais. — Lemenu de St-Philbert. — Gal Paoli. Dix portraits in-4, gravés par Basan, Cardon, Morret et autres artistes.

Très belles épreuves, quatre sont imprimées en couleur.

1043. **Catherine II**, impératrice de Russie. — L'empereur **Joseph II** et l'impératrice **Marie-Thérèse**. — Le comte de **Loudon**. — Le comte **Daün**. — Le Gâteau des Rois, etc. Quatorze portraits in-4 et in-fol.

> Très belles épreuves.

1044. **Frédéric II**, roi de Prusse. Douze portraits in-4 et in-fol., gravés par Bause, G. Dagoty, Chodowieki, Ridinger et autres artistes.

> Belles épreuves.

1045. **Auguste III**, roi de Pologne. — Don **Carlos de Bourbon**, prince des Asturies. — **Ferdinand IV**, roi de Sicile. — **François I**er, empereur d'Autriche. — Le Pce **Henri de Prusse**. — Comte de **Kaunitz**. — L'empereur **Léopold**. — **H. Walpole**, etc. Quatorze portraits in-fol.

> Belles épreuves.

1046. **Louis XV**. — **Marie Leckzinska**. — **Philippe d'Orléans**. — Princes et princesses du sang. — Ministres. — Hommes d'épée. — Magistrats. — Ecclésiastiques. — Artistes, etc. Cent quarante-cinq portraits in-8, gravés par des artistes contemporains, de tous les personnages marquants de la Régence et du règne de Louis XV.

> Très belles épreuves.

1047. **Louis XV**. — **Marie-Leckzinska**. — Princes et princesses de la famille royale. — Personnages marquants du règne. Soixante portraits in-8, gravés par des artistes contemporains..

> Belles épreuves.

RÈGNE DE LOUIS XVI ET RÉVOLUTION.

1048. **Louis-Auguste**, dauphin de France, dessiné et gravé à la manière noire par Brookschaw, 1773. In-fol.

> Très belle épreuve.

1049. **Louis XVI**, dauphin, gravé à la manière du crayon par Bonnet, d'après Vanloo. In-18.

> Très belle épreuve avec marge. Rare.

1050. **Louis-Auguste**, dauphin de France. Gravé par Moreau, d'après Hall (E.-B. 25).

> Très belle épreuve avec marge.

1051. **Louis XVI**, roi de France et de Navarre, en buste et tête nue; il est dirigé vers la gauche et regarde de face, dans une bordure carrée. Pièce anonyme in-fol., gravée au pointillé.

> Très belle et très rare épreuve imprimée en couleur. Grande marge.

1052. **Louis XVI**, roi des Français, vu de face et à mi-jambes, assis dans un fauteuil; médaillon ovale, gravé au pointillé. In-fol.
> Très belle épreuve en couleur.

1053. **Louis XVI.** Huit portraits in-8, gravés à la fin de son règne par Bartolozzi, Roger, Godefroy et autres artistes.
> Très belles épreuves, plusieurs sont avant la lettre.

1054. **Louis**, dauphin, père de Louis XVI. — **Louis XVI**, dauphin. — **Louis XVI**, roi de France. Dix portraits in-18 et in-8, gravés par Massard, Gaucher, Brookschaw et autres artistes.
> Très belles épreuves.

1055. **Marie-Antoinette**, dauphine, gravé par Croisey. In-fol.
> Très belle épreuve.

1056. **Marie-Antoinette**, dauphine. Petit médaillon ovale, gravé à la manière noire et en réduction par Brookschaw. In-18.
> Superbe et rare épreuve avant toutes lettres. Grande marge.

1057. **Marie-Antoinette** d'Autriche, dauphine de France. Gravé par C. Le Vasseur, d'après Kransinger. In-fol.
> Très belle épreuve. Rare.

1058. **Marie-Antoinette**, dauphine, gravé par Desnos. In-8.
> Très belle épreuve. Rare.

1059. **Marie-Antoinette**, reine de France, gravé par Cathelin, d'après Fredou. In-fol.
> Très belle épreuve. Rare.

1060. **Marie-Antoinette**, reine de France, par Le Beau. In-8.
> Très belle épreuve.

1061. **Marie-Antoinette**, vue de profil. Petit médaillon ovale pour bouton. — **Marie-Antoinette**, vue de face, en buste. Petit médaillon d'après le portrait de Mᵐᵉ Le Brun. Deux pièces.
> Très belles épreuves imprimées en couleur. Rares.

1062. **Marie-Antoinette**, reine de France, en buste et vue de profil dans des médaillons ornés. Deux portraits in-4 gravés par Mˡᵉ Boizot d'après L.-S. Boizot.
> Très belles épreuves.

1063. **Marie-Antoinette**, de Lorraine-d'Autriche, reine de France, en pied, en grand costume de cour, gravé par Roger d'après Roslin. Gr. in-fol.
> Ancienne et très belle épreuve portant les doubles cachets. Grande marge.

1064. **Marie-Antoinette**, archiduchesse d'Autriche, reine de France, gravé par Miger, d'après J. Boze. In-fol.
> Très belle épreuve.

1065. **Marie-Antoinette** d'Autriche, reine de France, gravé par Curtis, d'après Dufrée. In-fol.

Très belle et rare épreuve imprimée en couleur.

1066. **Marie-Antoinette** en laitière. Pièce in-8, ovale, gravée au pointillé et publiée chez Ternisien d'Haüdicrout.

Très belle épreuve. Rare.

1067. **Marie-Antoinette**, archiduchesse d'Autriche, en pied, appuyée sur un petit autel jonché de fleurs. Gravé par Mme Tardieu d'après F. Dumont. In-fol.

Très belle épreuve avec toute sa marge.

1068. **Marie-Antoinette**, reine de France, dans sa prison en costume de veuve. Gravé à la manière noire par J. Murphy, d'après Mme la Marquise de Bréan. In-fol.

Superbe épreuve.

1069. **Marie-Antoinette**, dauphine, reine de France et veuve. Onze portraits in-8 gravés par Le Beau, Prévost, Bartolozzi et autres artistes.

Très belles épreuves.

1070. **Louis-Auguste**, dauphin de France. — **Marie-Antoinette**, dauphine, 1770. Deux portraits in-fol., ovales et faisant pendants, gravés en imitation de camées par Demarteau.

Très belles épreuves avec de grandes marges. Très rares.

1071. **Louis XV. — Louis XVI** et **Marie-Antoinette**, face et revers d'une médaille, en regard l'un de l'autre sur la même feuille, gravé par A. de St-Aubin. In-8.

Superbe épreuve avant toutes lettres. Grande marge.

1072. **Louis XVI. — Marie-Antoinette**, vus de face et réunis dans un petit médaillon ovale. Pièce anonyme gravée au pointillé.

Très belle épreuve imprimée en couleur.

1073. **Louis XVI. — Marie-Antoinette.** Cinq portraits in-4 et in-fol., gravés par Le Mire et François, d'après Moreau et autres artistes.

Très belles épreuves.

1074. **Louis XVI. — Marie-Antoinette.** Deux portraits in-fol. de forme ovale et faisant pendants, gravés au pointillé par Macret d'après Mme Le Brun.

Superbes épreuves avant la lettre. Marges.

1075. **Louis XVI, Marie-Antoinette et le Dauphin. — Le Dauphin, fils aîné de Louis XVI. — M**ie **Thérèse-Charlotte et Louis Dauphin. — Louis XVII. — M**ie**-T**se**-Charlotte. — M**ie **Ad.-Clotilde de France. — E.-Ph. M**ie **Hélène de**

France. — Madame **Élisabeth**. Onze portraits in-18 et in-8, dont quelques-uns de très rares.

> Très belles épreuves.

1076. **M**ic**-T**se**-Charlotte**, princesse Ric de France. Gravé à la manière noire par Léon, à Vienne, en 1796, d'après C. Caspar. In-fol.

> Très belle épreuve avec marge.

1077. **M**ie**-T**se**-Charlotte** de France, **Madame**, Duchesse d'Angoulême. Médaillon ovale in-4, gravé par Needl, d'après Kreützinger.

> Très belle épreuve. Rare.

1078. **L**s**-St**s**-Xavier**, comte de **Provence**. — **M**ie**-J**nc**-Louise de Savoie**, comtesse **de Provence**. Six portraits in-4 et in-fol. gravés par Cathelin, Mce Boizot et David.

> Très belles épreuves.

1079. **Artois** (Ch.-Ph. Comte d'), **Monsieur**, frère du Roi, gravé par Levachez d'après Laplace. Médaillon ovale in-4.

> Très belle épreuve imprimée en couleur. Marge.

1080. **Charles-Philippe**, comte **d'Artois**. — **Marie-Thérèse**, comtesse **d'Artois**. — Six portraits in-4, gravés par Cathelin, Mic Boizot et Dupin.

> Très belles épreuves.

1081. Comte **de Provence**. — Comtesse **de Provence**. — Comte **d'Artois**. — Comtesse **d'Artois**. — Quatorze portraits in-8, gravés par Massard, Boizot, Brookschaw et autres artistes.

> Très belles épreuves.

1082. Madame **Élisabeth**, sœur du Roi. Quatre portraits in-4, gravés par Cathelin et Mie Boizot.

> Très belles épreuves.

1083. **Marie-Adélaïde** de France, princesse de Piémont. Deux portraits in-4 et in-fol., gravés par Cathelin et Houist.

> Belles épreuves.

1084. Duc **d'Orléans**. — Duchesse **d'Orléans**. — Duc de **Bourbon**. — Prince **de Conti**. Neuf portraits in-8 gravés la plupart par Le Beau.

> Très belles épreuves.

1085. **L.-J**ph**-de Bourbon**, prince de **Condé**. — **L**s-Philippe d'Orléans, duc **de Chartres**. — **L**s-Philippe-Joseph duc **d'Orléans**. Cinq portraits in-4 et in-fol.

> Très belles épreuves, le portrait du prince de Condé est avant la lettre.

1086. **L.-J.** Marie de Bourbon, duc **de Penthièvre**. — Trois portraits in-fol., gravés par Voyez.

> Très belles épreuves avant et avec la lettre.

1087. **Lamballe** (L^{se} de Savoye Carignan, princesse de). Gravé par Ruotte, d'après Danloux, 1791. In-fol.

    Très belle et rare épreuve en couleur. Marge.

1088. **Polignac** (Mme la Duchesse de). Gravé par Fisher, d'après Mme Le Brun. In-fol.

    Très belle épreuve. Rare.

1089. **Duc de Broglie. — Duc de Brissac. — Duc de Crillon. — Duc de Luynes. — Card^l de Luynes. — Duc de Clermont-Tonnerre. — Duc de Duras. — Comte de St-Germain**, etc. Quinze portraits in-8 et in-fol.

    Très belles épreuves.

1090. **Calonne** (M^r de), ministre d'État. Gravé par De Bréa, d'après Mⁿ Le Brun. In-fol.

    Très belle épreuve.

1091. **Le Président d'Aligre. — Joly de Fleury. — L'abbé de Cœtlosquet. — Chauvelin. — La Ch^{re} d'Eon. — Prince de Ligne. — R. de Montalembert. — Mallet du Pan**, etc. Seize portraits in-4 et in-fol.

    Très belles épreuves.

1092. **Bⁿ de Breteuil. — De Malesherbes. — Cte de Maurepas. — Mis de Miromesnil. — Cte de Vergennes.** Sept portraits in-4 et in-fol., gravés par Hubert, Bervic et Vangelisty.

    Très belles épreuves.

1093. **Du Couédic. — Cte de Guiche. — La Perouse. — De La Mothe Piquet. — Bailli de Suffren.** Neuf portraits in-4, gravés par Tardieu, St-Aubin et Morret.

    Très belles épreuves, deux sont imprimées en couleur.

1094. **Estaing** (Ch^{les} Hⁱ-comte d'), vice-amiral de France, dessiné et gravé par Froislien. In-fol.

    Très belle épreuve imprimée en couleur. Rare.

1095. **Grasse** (Comte de), gravé à la manière noire, par Walker, d'après Miller. In-fol.

    Très belle épreuve. Rare.

1096. **J. Amelot**, secrétaire d'État. **— B. de Clugny. — P. Le Noir**, lieutenant de police. **— Sénac de Meilhan. — P^{ce} de Montbarey. — Turgot. — Trudaine**, etc. Quinze portraits in-4 et in-fol., gravés par Bervic, Lingée, St-Aubin et autres artistes.

    Très belles épreuves.

1097. **Amelot. — H. de Miromesnil. — Turgot. — Lamoïgnon. — Malesherbes. — P^{ce} de Montbarey. — Cte de Saint-Germain. — Necker. — W. de Calonne. — d'Ormes-**

son. — Comte **de Vergennes**, etc. Trente-cinq portraits in-8 de personnages politiques ayant été ministres.

Très belles épreuves.

1098. Comte **de Guines**, ambassadeur français à Londres. — Comte **Durazzo**, ambassadeur impérial à Venise. Deux portraits in-fol.

Très belles épreuves.

1099. Duc de **Biron**. — Duc de **Brissac**. — **Bougainville**. — Duc de **Crillon**. — Comte **d'Estaing**. — **d'Entrecasteaux**. — **Lapérouse**. — Duc de **Mouchy**. — Bailli de **Suffren**. — **Turpin de Crissé**, etc. Vingt-quatre portraits in-8, de généraux et de commandants d'escadres.

Très belles épreuves.

1100. P. **Bouvart**. — A. **Chezy**. — **Charles**. — **Condorcet**. — **Lavoisier**. — **Mesmer**. — Scène du baquet. — **Montgolfier**. — **Petit**. — **Perronet**. — **Soufflot**, etc. Douze portraits in-4.

Très belles épreuves.

1101. **Necker**. — L. **Gillet**. — **Luckner**. — Th. **Mauduit**. — **Maury**, etc. Onze portraits in-fol.

Très belles épreuves.

1102. **Genlis** (G^te-J^te Ducrest, comtesse de), gouvernante des enfants du duc de Chartres. Gravé à la manière noire, par Green, d'après De Mirys, 1781. In-fol.

Très belle épreuve remargée. Très rare.

1103. **D'Argenville**. — M. **Bruno**. — De **Bernage**. — De **Clugny**. — **Joly de Fleury**. — **Linguet**. — G. de **Lamoignon**. — Ch. de **Lamoignon**. — M. **Martel** et **Turgot**. — G. **Voysins**, etc. Vingt portraits in-4 et in-fol., gravés par des artistes contemporains.

Très belles épreuves.

1104. De la **Chalotais**. — **Chauvelin**. — De **Montclair**. — De **Montholon**. — R.-Ch. de **Maupeou**. — F. de la **Michodière**. — J. **Moreau**. — J. et L. **Secousse**. — Duc de la **Vrillière**, etc. Vingt portraits in-4 et in-fol., gravés par des artistes contemporains.

Très belles épreuves, deux sont imprimées en couleur.

1105. **Beaumarchais**. — M.-J. de **Chénier**. — **Delille**. — **Ducis**. — **Garrick**. — **Gluck**. — **Lekain**. — **Molé**. — **Piccini**. — **Sedaine**. — **Préville**, etc. Quinze portraits in-4 et in-fol., dont deux sont gravés à la manière noire.

Très belles épreuves.

1106. **Card**al **de Rohan**. — Comtesse **de la Motte**. — Comte de la Motte. — **D'Oliva**. — **Cagliostro**. — M**me** **Cagliostro**.
Vingt portraits in-8 se rapportant à l'affaire du Collier.

Très belles épreuves, quelques-unes sont à l'état d'eau-forte et tirées en bistre.

1107. Prince **de Condé**. — Duc **de Penthièvre**. — Princesse de **Lamballe**. — Card**al** de **Luynes**. — Duc de **Duras**. — Duc **d'Estissac**. — Prince de **Turenne**. — M**me** de **Genlis**. — La M**ale** de **Richelieu**. — Ch**re** **Eon de Beaumont**. — Prince de **Ligne**. — **Beaumarchais**. — **Voltaire**, etc.
Cinquante portraits in-8.

Très belles épreuves.

1108. **Corrette**, violoniste. — **Dorat**. — **Hoin**. — M**n** **Lingée**. — **Marivaux**. — **Mesmer**. — Comte **de Paroy**. — **Sedaine**. — **Simon**, imprimeur. — Marquise **de Vilette**, etc. Douze portraits in-8 et in-4, gravés par Fessard, Ingouf, Lebeau et autres artistes.

Très belles épreuves à l'eau-forte, avant et avec la lettre.

1109. **Baptiste aîné**. — **Brunet**. — **Dugazon**. — M**lle** **Guimard**. — **Nicollet**. — **Molé**. — **Dagincourt**. — **Fleury**, etc. Vingt-huit portraits in-8 d'artistes dramatiques, gravés par Roy, Janinet, Vangelisty et autres artistes.

Très belles épreuves, quelques-unes sont imprimées en couleur.

1110. **Gustave III**, roi de Suède. — Scène de son assassinat. Quatre pièces in-4 et in-fol., dont une gravée à la manière noire.

Très belles épreuves.

1111. **Franklin**. — **Washington**, en pied. Trois portraits in-4 et in-fol., gravés par St-Aubin et N. Le Mire.

Très belles épreuves.

1112. Sir **G**e **Bridges Ridney Bart**, gravé à la manière noire par Dikinson, d'après J. Reynolds. In-fol.

Très belle épreuve.

1113. L'empereur **Paul I**er. — L'impératrice **Catherine II**. — Le prince **Kourakin**. — **Potemkin**. — **Joseph II**. — **Charles III**. — Comte **Falkenstein**. — Comte **Loudon**, etc.
Dix-sept portraits in-4 et in-fol.

Très belles épreuves.

1114. **Louis XVI**, roi d'un peuple libre, en pied, dans un costume d'officier de la Garde Nationale et tenant en main le bâton fleurdelisé ; au fond, la vue de la démolition de la Bastille. Gravé par R. Duchemin, d'après Caresme. Petit in-fol.

Très belle épreuve avec marge. Excessivement rare.

1115. **La Fayette** (Le marquis de). Trois portraits in-fol., gravés par Miger, Guérin et Le Mire.

> Très belles épreuves, la dernière pièce est avant la lettre.

1116. Le général **La Fayette**, commandant de la Garde nationale, au fond la vue du Pont-Neuf. Petit portrait équestre, de forme ovale, gravé au pointillé.

> Très belle épreuve. Rare.

1117. La famille de **Favras**. — Exécution de M. de Favras. Deux pièces.

> Très belles épreuves, la dernière pièce est d'après Caresme.

1118. Ouverture des États généraux par Louis XVI, à Versailles, le 5 mai 1789. — Constitution de l'Assemblée nationale... à Versailles le 17 juin 1786. Deux pièces faisant pendants, gravées et dessinées par Moreau.

> Très belles épreuves, la dernière pièce est avec la liste des députés et l'adresse de l'auteur.

1119. Ouverture des États généraux à Versailles, le 5 mai 1789, par Patas. — Confédération des Français, par Gentot. — Plan de la Bastille, par Chapuy. Trois pièces.

> Très belles épreuves, la dernière pièce est imprimée en couleur.

1120. Attaque, prise et démolition de la Bastille. Six pièces in-4, gravées par Guyot et Pernot.

> Très belles épreuves, deux sont imprimées en couleur.

1121. Vue des travaux du Champ de Mars, par les Patriotes.

> Très belle épreuve, très soigneusement coloriée du temps, d'une jolie et très intéressante pièce gravée au trait. Très rare.

1122. Vue perspective du Champ de Mars, jour du serment civique prononcé par la nation françoise assemblée à Paris le 14 juillet 1790. Gravé par J.-B. Chapuy, d'après Le Roy.

> Très belle épreuve imprimée en couleur.

1123. **Mirabeau** (H.-G. Riquetti), par Aug. Briceau, 1790. In-fol.

> Très belle et rare épreuve imprimée en couleur. Marge.

1124. Le marquis de **Mirabeau**. — Vic^te de **Mirabeau**. — Ant. de **Mirabeau**. Sept portraits in-4 et in-fol., gravés par Fiesinger, de Marcenay et autres artistes.

> Très belles épreuves.

1125. Réception de Mirabeau aux Champs-Élysées. Gravé par S.-L. Masquelier, d'après J.-M. Moreau.

> Superbe épreuve avant la lettre.

1126. Journée du 25 juin 1791, le Roi arrivant de Varennes à Paris. Dessiné et gravé à la manière du lavis, par P.-F. Germain.

> Très belle épreuve.

1127. L'expirante Targinette. — Chevaliers du Poignard désarmés par ordre du Roi, deux compositions différentes. — Grande armée du ci-dev¹ prince de Condé. Quatre pièces.

Très belles épreuves, celle des chevaliers du Poignard est coloriée du temps.

1128. **Is. Agasse. — Bailly. — Bergasse. — Dubois-Crancé. Du Port-Dutertre. — Gouttes. — Le Chapellier. — Quinette. — Pastoret. — M. et Mme Roland. — Saint-Just. — Target**, etc. Vingt-deux portraits in-4, la plupart rares, gravés par des artistes contemporains et ne faisant partie d'aucune suite.

Très belles épreuves.

1129. **Bailly** (Mme), femme du maire de Paris. Petit médaillon in-18, gravé au physionotrace par Quénédey.

Très belle épreuve. Rare.

1130. **Cazalès. — Maury. — Malouet**, députés à l'Assemblée nationale, réunis sur la même feuille. Petit médaillon rond, très finement gravé au pointillé, publié à Paris, chez Blin.

Très belle épreuve imprimée en couleur.

1131. **Louis XVI** s'occupant de l'éducation de son fils dans la tour du Temple. Grande pièce en hauteur, gravée au pointillé.

1132. **Louis XVI** avec son confesseur Edgeworth, un instant avant sa mort. — Le 31 may 1793. — Le départ de Marie-Antoinette de la Conciergerie. Trois grandes pièces gravées par Cazenave et Harriet.

Très belles épreuves, la première pièce est avant la lettre.

1133. **Lamoignon de Malesherbes**, gravé à la manière noire. In-fol.

Superbe épreuve avant toutes lettres.

1134. L'abbé **Edgeworth**, en pied. Portrait in-4, publié à Londres en 1797, par R. Cribb.

Très belle épreuve. Excessivement rare.

1135. Fin tragique de Marie-Antoinette d'Autriche. — Arrivée sur le territoire de Basle, de la princesse M^ie-Th^se Charlotte, fille de Louis XVI. Deux petites pièces gravées à la manière du lavis.

Très belles épreuves imprimées en bistre.

1136. **Marat**, trois portraits. — **Barrère** à la tribune. Ensemble quatre portraits in-fol., gravés par Alix, Beisson et Vérité.

Très belles épreuves.

1137. **M^ie-A^nu-Charlotte Corday**, ci-devant Darmans, écrivant sa dernière lettre à son père. Jolie pièce anonyme in-4, gravée à la manière du lavis et publiée rue de la Boucherie.

Très belle épreuve avec toute sa marge.

1138. **Le Pelletier (L.-M.)**, par Aug. Briceau, 1793. In-fol.

Très belle épreuve imprimée en couleur. Grande marge.

1139. Assassinat de Michel Le Pelletier. — Assassinat de J.-P. Marat. Deux pièces, faisant pendants, gravées d'après Brion.

Très belles épreuves avec marges.

1140. Prise de la Bastille. — L'heure première de la liberté. — Don patriotique des Dames Françaises. — La Fédération. — Exécution de Marie-Antoinette, etc. Quinze pièces gravées par des artistes contemporains.

Très belles épreuves, quelques-unes sont imprimées en bistre.

1141. Vue de la salle de la Convention. Pièce anonyme in-4, gravée au trait.

Très belle épreuve coloriée. Excessivement rare.

1142. Décrets de la Convention Nationale.

Vingt placards.

1143. La Fédération. — Massacres de septembre. — Le Petit Malborough. — La Tour du Temple. — Adieux du Roi à sa famille. — Fin tragique de Louis XVI, et autres scènes de la Révolution. Trente-deux pièces in-4.

Très belles épreuves.

1144. **Barnave. — Barrère. — V. de Broglie. — Boissy d'Anglas. — L'abbé Grégoire. — Goupilleau.** — Duc et cardinal de **La Rochefoucault. — Lameth. — Lafayette.** — Duc de **Liancourt. — Duc de Montmorency. — Robespierre. — Vadé**, etc. Cinquante-quatre portraits in-4 de députés à l'Assemblée nationale, gravés à la manière du lavis, par Alix, Sergent et autres artistes, et publiés chez Levachez.

Très belles épreuves, ayant pour la plupart de grandes marges, quelques-unes ont l'entourage tiré en bistre.

1145. **Barnave. — Barere de Vieuzac. — A. Beauharnais. — La Fayette. — Lameth.** — Duc de **La Rochefoucauld.** — Duc de **Liancourt. — Malouet. — Mirabeau.** — Comte de **Montesquiou. — Rewbel. — Robespierre. — Sieyès.** — Duc **d'Orléans**, etc. Vingt et un portraits in-8, de députés à l'Assemblée nationale, gravés par Fresinger, d'après Guérin.

Superbes épreuves dix-neuf sont avant la mention : *Députés à l'Assemblée Nationale*, etc. ; elles sont sur grand papier, et le portrait du duc d'Orléans est imprimé en couleur.

1146. Collection de quatre cent quatre-vingts portraits environ, in-8
et in-4, de députés à l'Assemblée constituante et à la Convention, de directeurs et de ministres sous la Révolution, de
1789 à l'an VIII.

> La plupart de ces portraits sont tirés de diverses suites publiées à
> l'époque de la Révolution par Déjabin et Levachez, Bonneville, Vérité,
> Quenedey. Mme Bergny, les amis du peuple, etc. Beaucoup ont été gra-
> vés séparément et n'appartiennent à aucune suite. Il y en a de fort
> rares, notamment parmi les portraits des membres de la Convention. qui
> n'ont jamais été gravés ensuite, comme les députés à la Constituante.
> Les épreuves sont très belles et en fort bonne condition.

1147. **Robespierre** Jeune. Petite pièce in-18, gravée au physionotrace, dans le goût de Chrétien et Quenedey.

> Très belle épreuve. Rare.

1148. Arrestation de Robespierre, le 27 juillet 1794. Grande pièce en
largeur, gravée par M. Sloane, d'après Barbier.

> Très belle épreuve.

1149. Serment du Jeu de Paume. — Assemblée Nationale, séance de
la nuit du 4 au 5 août 1789. — Fédération générale des Français. — Journée du 10 août 1792. — Pompe funèbre en l'honneur des martyrs de la journée du 21 janvier 1793. — Journée du 16 octobre 1793. Sept pièces gravées par Helman;
d'après Monnet.

> Très belles épreuves coloriées. Grandes marges.

1150. Ouverture des États généraux. — Assemblée nationale, aban-
don de tous les privilèges. — Journée du 21 janvier 1793. —
Le 9 thermidor an III. — Journée du 13 vendémiaire an IV,
— Mort du député Féraud. — Le 18 Brumaire. Huit pièces
gravées par Helman, d'après Monnet.

> Très belles épreuves, une est avant la lettre et deux sont à l'état
> d'eau-forte.

1151. Le général **Hoche**, quatre portraits, dont deux en pied. —
Honneurs rendus à sa mémoire au champ de Mars. Cinq
pièces, gravées par Ruotte et Lefebvre.

> Très belles épreuves.

1152. **Stofflet**. — **Charette**, deux portraits. Ensemble trois pièces.

> Très belles épreuves, le portrait de Stofflet est remargé.

1153. **Théroigne de Méricourt**, vue de profil, en habit masculin.
Petit médaillon in-18, gravé au physionotrace, par Chrétien
et Quenedey.

> Très belle épreuve. Excessivement rare.

1154. **Paul Barras**, en pied. Gravé par Tardieu d'après Hilaire-
Le-Dru.

> Très belle épreuve, lettres grises.

1155. **Barras** (Paul), directeur, en pied. Gravé par Tardieu, l'an VII, d'après Hilaire-Le-Dru. Grand in-fol.

Très belle épreuve, lettres grises.

1156. Madame **Tallien**, en pied et assise. Pièce anonyme, in-fol., gravée, au pointillé, en Angleterre.

Très belle épreuve avant toutes lettres. Très rare.

1157. Duc **d'Arjuson**. — Duc **d'Aremberg**. — Cte **Colbert**. — B^n **Didelot**. — Cte **de Dillon**. — M^al **d'Estrées**. — **Letourneur de la Manche**. — P^sse **de Ligne**. — Amiral **Linois**. — MM. **de Routhilier**. — **Morel de Vindé**. — P^sse **de Santa-Croce**. — Mme **Verdun**, etc. Quarante-deux portraits in-18, gravés au physionotrace par Quenedey.

Très belles épreuves.

1158. Cte **d'Argental**. — Cte **Duval de Beaulieu**. — B^n **de Broglie**. — **Chrétien**. — Cte **de Chasteaugiron**. — Les frères **De Bure**, libraires. — Mme **Deville**. — **Dumouriez**. — **F. de Fourcroy**. — Gal **Fririon**. — M. et Mme **de Jessigny**. — Cte **de Missiessy**. — Cte **de Rochechouart**. — **J.-J. Rousseau**. — Mme **de Stael**, etc. Quarante-deux portraits, gravés au physionotrace par Chrétien.

Très belles épreuves.

1159. **Barra** (J.). Médaillon ovale, reposant sur un cartouche, où est représentée, en bas-relief, la scène de sa mort, d'après Garneray. In-4.

Très belle épreuve imprimée en couleur.

1160. **Marceau**, en pied, en son costume de hussard. Gravé par Sergent Marceau, son beau-frère.

Très belle épreuve imprimée en couleur.

1161. **Baudin**. — **Berthier**. — **Beurnonville**. — **Championnet**. — **Caffarelli**. — **Carteaux**. — **Desaix**. — **Dumouriez**. — **Kléber**. — **La Tour d'Auvergne**. — **Moreau**. — **Pichegru**, etc. Vingt-cinq portraits in-8, in-4 et in-fol., la plupart rares, gravés par des artistes contemporains.

Très belles épreuves.

1162. **Bonnier**. — **De Bry**. — **Baron de Gatzert**. — Cte **de Görtz**. — **J. de Neuchâteau**. — Cte **de Loeben**. — **Roberjot**. — **Treilhard**, etc. Douze portraits in-4, des membres du Congrès de Rastadt, gravés par Guérin et publiés à Bâle, chez J. Decker.

Très belles épreuves avec marges. Fort rares.

1163. **Lamarche** (J.-F.), évêque et comte de Léon, en pied. Gravé d'après H. Danloux.

Très belle épreuve avec une grande marge.

1164. Quatre-vingts portraits in-8, des célébrités militaires de la
République.

> Très belles épreuves.

1165. Dessins de costumes officiels Républicains, par David. — Vue
de la montagne élevée au champ de la Réunion. — Troubles
arrivés à Strasbourg. — Inauguration du buste de Marat. —
Acte constitutionnel du Peuple français, etc. Seize pièces.

> Très belles épreuves.

1166. Vingt portraits et quarante-cinq pièces extraites des tableaux
de la Révolution française.

> Très belles épreuves, ayant, pour la plupart, toutes leurs marges.

CONSULAT ET EMPIRE.

1167. Bonaparte, premier consul, en costume rouge, à cheval et
tenant son épée à la main. Dessiné d'après nature et gravé
par Chataignier. Petit in-fol.

> Superbe épreuve en couleur. Très rare.

1167 bis. Bonaparte, premier consul, en pied, remettant l'épée au
fourreau après la paix générale ; au fond une fête publique
devant les Tuileries. Dessiné et gravé par Chataignier.

> Très belle épreuve. Rare.

1168. N. Bonaparte, Pᵉʳ consul de la République Française, en
buste. Médaillon ovale, gravé au pointillé. Se vend à Paris
chez Chatégnier.

> Très belle et rare épreuve tirée en bistre. Grande marge.

1169. N. Bonaparte. Médaillon ovale. Gravure in-fol., anonyme,
gravée au pointillé.

> Très belle épreuve avec une grande marge. Rare.

1170. Bonaparte, Iᵉʳ consul, coiffé d'un chapeau, dans le costume
rouge donné par la ville de Lyon. Gravé par Moret, d'après
Appiani. In-fol.

> Superbe épreuve imprimée en couleur. Très rare;

1171. Bonaparte, Iᵉʳ consul, représenté tête nue, en costume rouge.
Médaillon ovale in-fol. Gravé par P.-M. Alix.

> Superbe et très rare épreuve, avant toutes lettres, imprimée en
> couleur.

1171 bis. Le général Buonaparte, tête nue. Gravé par P.-M. Alix,
d'après Appiani. In-fol.

> Très belle épreuve imprimée en couleur.

1172. Bonaparte au pont de Lodi. Gravé par Longhi, d'après Gros.
In-fol.

> Très belle épreuve avec marge.

1173. **Bonaparte**, à cheval, tenant son épée à la main. Gravé par Darcis, d'après C. Vernet. In-4.

Superbe épreuve avant toutes lettres. Rare.

1174. **Bonaparte**, premier consul de la République Française. Gravé par Levachez, d'après Boilly; au-dessous, dans la tablette, la revue du quintidi, eau-forte de Duplessis-Bertaux. In-fol.

Superbe épreuve imprimée en couleur.

1175. **Cambacérès, Bonaparte et Lebrun**. Médaillon oblong ovale, gravé par P.-M. Alix, d'après Van Gorp; au-dessous dans la tablette, une vignette de Duplessis-Bertaux, représentant Barthélemy, président du Sénat, présentant au Ier consul l'acte constitutif qui fixe le consulat à vie. In-fol.

Superbe épreuve imprimée en couleur.

1176. **Bonaparte**, premier consul. Dessiné et gravé par Levachez. In-8.

Très belle épreuve imprimée en couleur. Toute marge.

1176 bis. **Bonaparte**, premier consul de la République Française, à cheval. Gravé par J.-F. Tassaert, l'an VI, d'après C.-Ph. Hennequin. In-fol.

Très belle épreuve. Rare.

1177. **Napoléon Bonaparte**, premier consul de la République Française, en pied. Gravé à la manière noire, par W. Dickinson, d'après A.-J. Gros. Grand in-fol.

Très belle épreuve imprimée en couleur avec quelques retouches au pinceau.

1178. **Bonaparte**, à cheval. Gravé, d'après un croquis de C. Vernet, par N. Schenker. In-fol.

Très belle épreuve avec toute sa marge.

1179. **Bonaparte** (à la Malmaison), en pied. Gravé par Lingée et Godefroy, d'après Isabey. In-fol.

Très belle épreuve avec marge.

1180. **Buonaparte**, sur un socle, d'après le buste de Cerrachi. Gravure anonyme, au pointillé, publiée à Londres le 1er juin 1801, par H. Richter. In-fol.

Très belle épreuve. Rare.

1181. **Bonaparte**, premier consul, vu à mi-corps. Gravé par Lasinio, en 1803, d'après Appiani. In-fol.

Très belle épreuve.

1181 bis. **Nap. Bonaparte**, en costume de général. Gravé par A. Desnoyers, d'après R. Lefevre. In-fol.

Très belle épreuve.

1182. **Napoléon I**er, empereur des Français et roi d'Italie, en costume impérial. Gravé par Morret, d'après Garneray, 1805. In-fol.

Superbe épreuve imprimée en couleur.

1183. **Napoléon I**er, empereur des Français, roi d'Italie, assis sur le trône. Gravé par P.-M. Alix, d'après Garneray. Grand in-fol.

Très belle épreuve imprimée en couleur. Rare.

1184. **Napoléon I**er en pied, en costume de cour, coiffé d'un chapeau à plumes; gravé par Ribault d'après Isabey et Percier. Pièce in-fol., tirée des Cérémonies du sacre.

Superbe épreuve avant la lettre.

1185. **Napoléon**, à cheval, entouré de ses maréchaux, sur le champ de bataille d'Austerlitz. Très belle composition gravée, dans le goût de Levachez, d'après C. Vernet, elle est comprise dans un encadrement surmonté des armes impériales et décoré d'écussons rappelant tous les faits d'armes de la campagne de 1805.

Superbe épreuve avant toutes lettres, marge. Excessivement rare.

1186. **Napoléon** empereur. Médaillon ovale surmontant un cartouche où est représentée la vue de la bataille d'Austerlitz. Dessiné et gravé par Duplessis-Bertaux. In-fol.

Très belle épreuve. Grande marge.

1187. **Napoléon le Grand**, en pied, en costume imperial. Gravé par Mécou, d'après Isabey. In-fol.

Très belle épreuve avec marge.

1187 bis. **Napoléon I**er, en costume impérial, coiffé d'un chapeau à plumes. Gravé au pointillé, par Bourgeois de la Richardière, d'après Dumont. In-fol.

Très belle épreuve.

1188. **Napoléon I**er, empereur des Français et roi d'Italie, en pied. Gravé par Cazenave, d'après Vanderwal. Grand in-fol.

Très belle épreuve en couleur.

1189. **Napoléon** en buste, en colonel de chasseurs. Médaillon ovale gravé à la manière noire par et d'après J. La. Petit in-fol.

Très belle épreuve. Rare.

1190. **Napoléon** en colonel de grenadiers, en buste, et regardant à droite. Médaillon ovale. Grand in-4, gravé au pointillé.

Superbe et rare épreuve avant toutes lettres. Marge.

1191. **Napoléon**, en colonel de grenadiers. Gravé par Ruotte, d'après Le Fèvre. Petit in-fol.

Superbe épreuve avant toutes lettres.

1192. **Napoléon. I**er, en buste, en costume impérial, couronné de lauriers. Gravé par R. Morghen, d'après Tofanelli. In-4.

Très belle épreuve lettres grises.

1193. **Napoléon I**er, en pied. Gravé à la manière noire par F. Arnold, d'après Dahling. In-fol.

Très belle épreuve.

1194. **Napoléon I**er, en buste, coiffé de la couronne de fer. Gravé en 1812, par Longhi. In-4.

Superbe épreuve avant la lettre.

1194 bis. **Napoléon I**er, médaillon ovale, surmonté d'une étoile. Dessiné à l'isle d'Elbe, par Hubert, et très finement gravé au pointillé, par Henry. In-4.

Très belle épreuve avec toute sa marge.

1195. **Napoléon** en 1815, lithographié par M. Lavigne, d'après H. Vernet. In-fol.

Très belle épreuve.

1196. **Napoléon**, en pied, sur le Bellérophon. Gravé à la manière noire, par Turner, d'après Elstake. Grand in-fol.

Très belle épreuve sans marge. Très rare.

1197. **Napoléon**, en buste, sur le Bellérophon, 1815, gravé par East-lake, d'après J. Roberti. Petit in-fol.

Très belle épreuve sur chine.

1198. **Bonaparte**, premier consul, deux portraits différents. — **Napoléon**, empereur. — **Napoléon** à Sainte-Hélène. Quatre portraits in-8 et in-4, gravés par Vérité et A. Tardieu.

Très belles épreuves, deux sont avant la lettre.

1199. **Napoléon**, général, premier consul et empereur. Cinquante-cinq portraits in-8, dont quelques-uns sont rares.

Très belles épreuves.

1200. **Napoléon** sur son lit de mort, gravé par W. Humphry, d'après le dessin fait par le capitaine Marryat une heure après la mort de l'Empereur. Grand in-4.

Très belle épreuve.

1200 bis. **Rose-Joséphine Bonaparte**, née de la Pagerie, en buste et tête nue, regardant de profil, à gauche. Dessiné d'après nature et gravé en 1797. Médaillon ovale in-4.

Très belle épreuve, avec marge, tirée en bistre. Très rare.

1201. **Joséphine**, en pied, en costume de cour. Pièce extraite du Sacre de Napoléon I er. Gravé par Ribault, d'après Isabey.

Superbe épreuve avant la lettre.

1202. **Marie-Louise**, impératrice des Français. Charmant petit médaillon ovale, entouré d'Amours, gravé au pointillé.

Très belle épreuve avant toutes lettres. Très rare.

1203. **Marie-Louise**, en buste, une couronne de roses dans les
cheveux, sur lesquels est jeté un voile de mousseline attaché
sous le menton. Médaillon ovale, in-4, gravé par Monsaldy,
d'après Isabey.

Superbe épreuve avant toutes lettres et imprimée en couleur de l'un
des plus charmants portraits du personnage; grande marge. Très rare
de cette qualité.

1204. **Marie-Louise**, en buste, médaillon ovale, in-4, très bien
gravé, en dessous duquel se voit, dans une gloire, son chiffre,
surmonté de la couronne impériale.

Très belle et rare épreuve avant toutes lettres. Marge.

1204 *bis*. **Marie-Louise**, arch^{sse} d'Autriche, impératrice de France,
reine d'Italie. Médaillon ovale, gravé à la manière noire par
Coqueret, d'après J. Le Roy. In-fol.

Très belle épreuve. Rare.

1205. **Marie-Louise**, impératrice des Français, en pied, se promenant dans le parc de Saint-Cloud. Dessiné et gravé par
Godefroy en 1810, grand in-fol.

Superbe épreuve avant la lettre, les noms des artistes tracés à la
pointe. Marge.

1206. **Marie-Louise**, deux portraits in-fol., gravés par Ribault et
par Dahl.

Très belles épreuves.

1207. **Marie-Louise**, trois portraits in-4, gravés par Bellinger,
Neide et Füguel.

Très belles épreuves. Rares.

1208. **Marie-Louise**, en buste, dans un nuage, entourée d'une
gloire. Gravé par Desnoyers, d'après Gérard. In-4.

Superbe et très rare épreuve avant toutes lettres. Grande marge.

1209. **Reichstadt** (F.-J.-Ch. duc de). Trois portraits in-4, gravés par
Steinmuller et John.

Très belles épreuves, une est avant la lettre.

1209 *bis*. Le duc **de Reichstadt** sur son lit de mort, gravé à Vienne
par Stöber, d'après J. Ender. In-fol.

Très belle épreuve avec marge.

1210. **Lœtitia Bonaparte** (Madame mère), en pied, assise sur un
sopha. Petit in-fol.

Très belle épreuve avant toutes lettres, non entièrement terminée;
marge. Très rare.

1211. **Lœtitia Bonaparte** (Madame mère). — L'impératrice **José-phine**. — **Élisa**, grande-duchesse de Toscane. Trois portraits in-4, et in-fol., gravés par R. Morghen et Bazin.

Très belles épreuves.

1212. **Bonaparte** (Lucien), en pied, la main posée sur un livre ouvert où on lit : *Constitution, Dix-Huit Brumaire*. Grand in-fol.

Superbe épreuve avant toutes lettres. Rare.

1213. **Napoléon** (Joseph), roi d'Espagne et des Indes, gravé par L.-C. Ruotte, d'après R. Lefèvre. In-fol.

Superbe épreuve avant toutes lettres.

1213 *bis*. La même estampe.

Superbe épreuve en couleur.

1214. **Napoléon** (Joseph), roi d'Espagne, en pied, en costume royal. — Gravé par Pradier en 1813, d'après F. Gérard. In-fol.

Superbe épreuve avant la lettre.

1215. **Napoléon** (Joseph), roi de Naples et des Deux-Siciles, deux portraits in-4, et in-fol. gravés par Douas et G. Morghen.

Très belles épreuves, la dernière pièce est avant la lettre.

1216. **Napoléon** (Louis), roi de Hollande, gravé par L.-C. Ruotte, d'après le buste de Castellier. In-fol.

Superbe épreuve avant la lettre. Grande marge.

1217. **Hortense** (S. M. la Reine), gravé par Pradier, 1812, d'après Gérard. In-fol.

Très belle et rare épreuve avant la dédicace.

1218. **Napoléon** (Jérôme), roi de Westphalie, en pied. Gravé par Potrelle et Gudin, d'après Mme Kinson. In-fol.

Très belle épreuve avant la lettre.

1219. **Napoléon** (Jérôme), roi de Westphalie. — **Catherine Jérôme Napoléon**, princesse de Montfort, sa femme. Cinq portraits in-4, et in-fol., gravés et lithographiés par Duthé, Muller et Devéria.

Très belles épreuves noires et coloriées.

1220. La princesse **Cath. Jérôme de Montfort**, belle-sœur de l'Empereur. — La princesse **Mathilde** et le prince **Jérôme**, ses enfants. Trois portraits en pied, lithographiés par Maurin en 1836.

Très belles épreuves, le portrait de la princesse Mathilde est avant la lettre.

1220 *bis*. **Stéphanie**, grande-duchesse de Bade, gravé par A. Kessler, d'après Schroder. In-fol.

Très belle épreuve.

1221. Eugène-Napoléon (S. A. I. le Prince), en buste, en costume de cour. Gravé par F.-M. Alix. In-fol. —

Superbe épreuve imprimée en couleur.

1222. Napoléon (S. A. I. le Prince Eugène), en pied, 1808. Gravé par L. Rados, d'après le dessin fait d'après nature par J.-B. Bosio. Grand in-fol.

Très belle épreuve avec marge.

1223. Beauharnais (Le prince Eugène), vice-roi d'Italie, en pied, gravé par Longhi d'après Gérard. Grand in-fol.

Superbe épreuve avant la lettre.

1224. Eugène-Napoléon (Le prince), en buste, gravé par P. Carroni. — **Le même personnage**, en pied, en habit de ville, lithographie anonyme. Deux portraits in-fol.

Très belles épreuves avant la lettre.

1225. Joachim-Napoléon (Murat), roi de Naples et de Sicile. Cinq portraits in-4, et in-fol., gravés par Pradier et Ruotte.

Très belles épreuves avant et avec la lettre, une est coloriée.

1226. Lipona (Caroline Bonaparte, Mme Murat, Comtesse), couchée sur un lit de repos avec ses deux enfants. Gravé à la manière noire, par W. Dikinson, d'après F. Gérard. Grand in-fol.

Superbe épreuve avant la lettre. Excessivement rare.

1227. Madame Mère. — Joséphine. — Marie-Louise. — La Reine Hortense, etc. Cinquante portraits in-8 des membres de la famille impériale.

Très belles épreuves avant et avec la lettre.

1227 bis Auber Dubayet (Le général), en pied. Gravé à la manière noire par A. Briceau, d'après J. Boilly. In-fol.

Très belle épreuve, lettres grises et avant l'adresse de Potrelle. Grandes marges.

1828. Andréossy (Le général), en pied, assis dans son cabinet. Gravé à la manière noire, par S. W. Reynolds, d'après J.-R. Smith, 1803. Grand in-fol.

Très belle et rare épreuve lettres grises. Marges.

1229. Augereau, quatre portraits. — **Bernadotte**, deux portraits. Ensemble six portraits en buste et en pied, gravés d'après Guérin, Hilaire Le Dru et autres.

Très belles épreuves noires et coloriées.

1230. Brune, peint d'après nature et gravé à la manière noire par C.-H. Hodges. In-fol.

Très belle épreuve.

1231. **Berthier** (Le général). Gravé par P.-M. Alix, d'après Le Gros. In-fol.

Très belle épreuve imprimée en couleur.

1232. **Berthier** (Le général), en pied. Gravé à la manière noire, par Coqueret et Lachaussée, d'après Mlle Boze. In-fol.

Très belle épreuve lettres grises et avant l'adresse.

1233. **Berthier** (A.), prince et duc de Neuchâtel, etc. Gravé par Prot, d'après Berlier. In-fol.

Très belle épreuve.

1234. **Berthier** (Le général), en pied, dans son cabinet. Gravé par H. Lefèvre, d'après Pajou, 1803.

Très belle épreuve avec marge.

1235. **Berthier**, prince de Wagram, en buste, tête nue et décoré du grand cordon de la Légion d'honneur, médaillon ovale. Petit in-fol.

Intéressant dessin au bistre.

1236. **Beurnonville** (Le général), en pied. Gravé à la manière noire par Alix, d'après Fragonard. In-fol.

Très belle épreuve avec marge.

1237. **Carolus XIV Joannes**, roi de Suède et de Norvège (le général Bernadotte), en pied. Gravé en 1822, d'après le baron Gérard. In-fol.

Très belle épreuve.

1238. **Cambacérès**, second consul de la République française. Médaillon ovale reposant sur une tablette décorée d'une vignette, d'après Duplessis-Bertaux, représentant : « Barthélemy, président du Sénat conservateur, présentant au premier consul l'acte constitutif qui fixe le Consulat à vie. » Gravé par Levachez, d'après Devouge. In-fol.

Très belle épreuve imprimée en couleur.

1239. **Cambacérès**, duc de Parme, deux portraits. — **H.-J.-G. Clarke**, duc de Feltre, en pied. Ensemble trois portraits in-4 et in-fol., gravés par Gontier, Gaillard et Massard.

Très belles épreuves, une est avant la lettre.

1239 bis. **Clarke** (H.-J.-G.), duc **de Feltre**, comte **d'Hunebourg**, en pied, dans son cabinet. Gravé par R.-U. Massard, d'après Fabre. In-fol.

Très belle épreuve avec une grande marge.

1240. **Desaix** (Le général L.-Ch.-Ant.), en pied. Gravé par Monsaldi, d'après le dessin fait au Caire par Dutertre, l'an VII et VIII. Grand in-fol.
> Très belle épreuve. Grande marge.

1241. **Joubert** (Le général), en pied. Gravé à la manière noire, par Marchand, d'après Hilaire Le Dru. In-fol.
> Très belle épreuve.

1242. **Jourdan**, trois portraits. — **Kellermann**, deux portraits. Ensemble cinq portraits in-8 et in-4, en bustes et en pied, gravés d'après Isabey et Hilaire Le Dru.
> Très belles épreuves noires et coloriées.

1243. **Kléber** (Le général J.-B.), en pied. Gravé par Monsaldi, d'après le dessin fait au Caire, en l'an VIII, par Dutertre. Grand in-fol.
> Très belle épreuve avec toute sa marge.

1244. **Kléber** (Le général J. B.), en pied. Gravé à la manière noire, par P.-M. Alix, d'après A. Boilly. In-fol.
> Très belle épreuve avant l'adresse de Potrelle.

1244 *bis*. **Leclerc**, lieutenant général de l'armée française en Italie, à cheval. Gravé par Zecchin, d'après Boldrini. In-fol.
> Très belle épreuve. Rare.

1245. **Le Fèvre** (Le général), en pied. Gravé à la manière noire par Coqueret, d'après H. Kolbe. In-fol.
> Très belle épreuve avec marge.

1246. **Lefebvre** (Mme la maréchale), lithographie in-4, de Vigneron.
> Très belle épreuve. Excessivement rare.

1247. **Letourneur**, directeur, en pied. Gravé à la manière noire, par Alix, d'après Devéria. Très grand in-fol.
> Très belle épreuve.

1248. **Marbot** (Le général), gravé à la manière du lavis par Coqueret, d'après Wicar. In-fol.
> Deux épreuves dont l'une, très belle, est avant la lettre.

1248 *bis*. **Masséna**, général en chef. Dessiné et gravé par Levachez. In-8.
> Très belle épreuve imprimée en couleur.

1249. **Masséna**, en pied, gravé à la manière noire, par Coqueret, d'après Hilaire Le Dru. In-fol.
> Très belle épreuve.

1250. **Macdonald** (Le général), en pied. Gravé par F. Maradan, d'après le dessin fait d'après nature par Ursule Boze, f^me Le Jean. Grand in-fol.
> Très belle épreuve lettres grises.

1251. **Moreau** (Le général), à cheval, tenant son épée à la main. Gravé par Maradan, d'après Vanderval. In-fol.

Superbe épreuve avant toutes lettres. Rare.

1252. **Moreau** (Le général), à cheval, gravé par N. Schenker, d'après C. Vernet. In-fol.

Deux très belles épreuves, dont l'une est avant la lettre.

1253. **Moreau** (Le général), en buste, gravé au pointillé par W. Nicholls, d'après le dessin de Nunes de Carvalho. In-fol.

Très belle épreuve avec marge.

1253 *bis*. **Ney** (Mme la Maréchale), jeune, gravé par Mécou, d'après Isabey. In-4.

Superbe épreuve avant toutes lettres. Rare.

1254. **Poniatowski** (Le prince J.), à cheval, en colonel de lanciers. In-fol.

Très curieuse épreuve coloriée du temps. Très rare.

1255. **Poniatowski** (Le prince J.), gravé à la manière noire par Pichler, d'après Grassi. In-fol.

Très belle épreuve.

1256. **Scherer** (Le général), en pied. Gravé à la manière noire par Coqueret, d'après Hilaire Le Dru. In-fol.

Très belle épreuve avec marge.

1257. **Saint-Jean-d'Angely** (Le comte Regnault de), en pied, dans son cabinet. Gravé par Pradier d'après Gérard. Grand in-fol.

Très belle épreuve avant la lettre. Grande marge.

1257 *bis*. Mme la Baronne de **Stael Holstein**, gravé par Jazet. — Mme la Maréchale **Mac-Donal**, née Bourgoing, lithographie d'après H. Vernet. Deux pièces in-4.

Très belles épreuves.

1258. **Talleyrand-Perigord** (Ch.-M^e de), vu à mi-corps, gravé à la manière noire par Hodgetto, d'après Ary Scheffer. In-fol.

Très belle épreuve avant la lettre.

1259. **Talleyrand-Perigord** (Ch.-M^e de), prince de Bénévent, en pied assis dans son cabinet. Gravé par Desnoyers, d'après Gérard. In-fol.

Très belle épreuve avec le cachet à deux têtes.

1260. **Talleyrand** (la princesse de), en pied, dans son intérieur, le coude appuyé sur la tablette de la cheminée. Gravé à la manière noire par W. Dikinson, d'après F. Gérard. Grand in-fol.

Superbe et rare épreuve avant la lettre. Grande marge.

1261. Quarante portraits de personnages de la Révolution et de l'Empire, gravés au physionotrace par Chevalier et Quenedey.

Très belles épreuves.

1261 bis. Augereau. — Bernadotte. — Berthier. — Brune. — Lannes. — Lefebvre. — Macdonald. — Masséna. — Marbot. — Moncey. — Murat. — Suchet, etc. Cent portraits in-8 et in-4 des Maréchaux de l'Empire.

Très belles épreuves, la plupart avant la lettre.

1262. Auber-Dubayet. — Dumas. — Kellermann. — Kilmaine-Monnier. Six portraits petit in-fol., en pied, gravés au pointillé, la plupart d'après H. Le Dru.

Très belles épreuve, dont deux sont coloriées.

1263. Barbanègre. — Bertrand. — Baraguay-d'Hillier. — Beurnonville. — Bourke. — Claparède. — Cambronne. — Drouot. — Decaen. — Éblé. — Friant. — Gudin. — Kellermann. — Lariboisière. — Lecourbe, etc. Trente-cinq portraits in-4 de généraux.

Très belles épreuves, la plupart sont très finement coloriées.

1264. Andréossy. — Barbanègre. — Beurnonville. — Claparède. — Desaix. — Foy. — Gourgaud. — L. Hugo. — Jomini. — Junot. — Kléber. — Kellermann. — Lamarque. — Menou. — Moreau. — Rampont. — Pajot. — Vandamme, etc. Cent soixante portraits de généraux de la République et de l'Empire.

Très belles épreuves avant et avec la lettre.

1264 bis. Desaix. — Kléber. — Brune. — Berthier. — Moreau, trois portraits. Ensemble sept portraits in-4 et in-fol, gravés par Audoin, Cardon et Fiesinger.

Très belles épreuves, noires et coloriées.

1265. Macdonald. — Marmont. — Moncey. — De Montbrun. — Moreau. — Mortier. — Ney. — O'Connor. — Oudinot. — Pérignon. — Reille. — Rampon. — Riccard. — Régnier. — Sainte-Suzanne. — Sébastiani. — Songis. — Turreau. — Vandamme. — Vial. Vingt-cinq portraits in-4. et in-fol. de généraux.

Très belles épreuves, un grand nombre très finement coloriées.

1266. J.-B. Bougainville. — D. de Crès. — Émerian. — Linois. — Villaret-Joyeuse. — Verhuel. — J.-G. de Winter. Neuf portraits in-4 d'amiraux.

Très belles épreuves, la plupart très finement coloriées.

1267. Serrurier. — Caulaincourt, duc de Vicence. — Savary, duc de Rovigo. Trois portraits in-4.

Très belles épreuves avant toutes lettres, le portrait du général Serrurier est à l'état d'eau-forte.

1268. **Sébastiani.** — **Pozzo di Borgo.** — **Marmont.** — **Grou-chy.** — **Gouvion Saint-Cyr**, etc. Neuf portraits in-fol., gravés et lithographiés.

    Très belles épreuves.

1268 *bis*. Portrait d'un général? en costume de hussard. Gravé par Ruotte, d'après F. Girard. Petit in-fol.

    Superbe épreuve avant toutes lettres, en couleur.

1269. Portrait des principaux généraux du Consulat et de l'Empire. Quatre-vingt-quatorze petits médaillons réunis sur cinq feuilles.

    Rares.

1270. **M. Cretet.** — **Lacuée, comte de Cessac.** — **Ch.-M. de Tal-leyrand-Périgord**, trois portraits. — **Sieyès.** Huit por-traits in-4 et in-fol.

    Très belles épreuves.

1271. **Carnot.** — **Caulaincourt.** — **Clarke.** — **Fouché.** — **Gu-din.** — **Montalivet.** — **Portalis.** — **Comte de Ségur.** — **Talleyrand**, etc. Soixante portraits in-4 de ministres de L'Empire.

    Très belles épreuves noires et coloriées, la plupart avant la lettre.

1272. **Ch. Dieudonné**, préfet du Nord. — **C. Harbouville**, pré-fet des Deux-Nèthes. — **Legay.** — **Marnezia**, préfet du Bas-Rhin. — **P.-V. Malouet**, préfet maritime à Anvers. — Le baron **J. de la Pérelle**, préfet du Gers. Six portraits in-fol., gravés par V. den Berghe, Guérin et Benoist.

    Très belles épreuves, deux sont avant la lettre.

1272 *bis*. **J.-B. Nompère de Champagny**, deux épreuves, dont une avant la lettre. — **M.-M. Gaudin.** — **N.-F. Mollien.** — **H. Muraire.** — **Cl. A. Regnier.** Six portraits in-4.

    Très belles épreuves très finement gouachées.

1273. Cte **J. Abrial.** — Cte **F. Barthélemy.** — **M. Gaudin**, duc de **Gaëte.** — Cte **d'Hauterive.** — Cte **Merlin.** — Cte **Mollien.** — Cte **de Neufchâteau.** — Cte **G. Otto.** — Cte **de Lacé-pède.** — Cte **Rœderer.** — Cte **Siméon.** Quinze portraits in-4 et in-fol.

    Très belles épreuves, un grand nombre très finement coloriées.

1274. **Cl.-L. Berthollet.** — **J. Conté.** — **Corvisart.** — **L. David.** — **Girodet-Trioson.** — **Desgenettes.** — **Guérin.** — Comte de **La Place.** — **G. Monge.** — **Montgolfier.** — **Siccard.** Quinze portraits in-4 et in-fol., gravés et lithographiés.

    Très belles épreuves, plusieurs sont avant la lettre.

1275. Le général **John Armstrong**. — **Thomas Jefferson**, président des États-Unis. — **Toussaint-Louverture**. — **Alexandre Petion**, président d'Haïti. Cinq gravures ou lithographies, par Coqueret, Tiebout et Dequevauviller.

> Très belles épreuves.

1276. **Georges III**, roi d'Angleterre, gravé par Smith, d'après W. Bechey. In-fol.

> Superbe épreuve imprimée en couleur.

1277. **Charles**, marquis **Cornwallis**, gravé par Smith, d'après J.-S. Copley. In-fol.

> Très belle épreuve.

1278. **Fox** (The right hon[ble] Charles James), en pied, assis dans son cabinet. Gravé à la manière noire, par S. W. Reynolds, d'après J.-R. Smith. In-fol.

> Très belle épreuve.

1278 *bis*. **Nelson**, baron du Nil. Gravé par G. Keating, d'après H. Keating, et publié à Londres en 1798. In-fol.

> Superbe épreuve imprimée en couleur, toute marge. Excessivement rare.

1279. **Nelson** (The right honourable lord Viscount), en pied. Gravé par W. Bromley, d'après Bowyer. In-fol.

> Très belle épreuve lettres grises.

1280. **William Pitt**, gravé par Alix, d'après A. Hickel. In-fol.

> Très belle épreuve imprimée en couleur.

1281. Sir **William Sidney-Smith** ; en dessous du portrait, une vignette représentant le siège de St-Jean-d'Acre. Gravé par Ant. Cardon, d'après R. Ker Porter. In-fol.

> Très belle épreuve imprimée en couleur. Très rare.

1282. Sir **W. Sidney-Smith**, gravé par Scheesman, d'après J. Opie. In-fol.

> Superbe et très rare épreuve imprimée en couleur. Toute marge.

1283. Le duc **de Wellington**. — Lord **Bersford**. Deux portraits in-fol., en pied, gravés par Forster et Levêque.

> Très belles épreuves.

1284. L'amiral **Nelson**. — Le feld-maréchal duc **de Wellington**. Dix portraits in-4 et in-fol., gravés par Keating, Godby et autres artistes.

> Très belles épreuves.

1285. **Gorges**, prince de Galles. — Le duc **d'York**. — **W. Pitt**, en pied. — Lord **Keith**. — Lord **Castlereagh**. — Sir **Sidney-Smith**. — Sir **John Moore**. Dix portraits in-fol., gravés par Cardon, Thomson et Turner.

> Très belles épreuves.

1286. **J.-Ed. Acton**, directeur de la Marine britannique. — Lord **Hutchinson**. — L'amiral **Exmouth**. — Sir **Ralph Abercromby**. — Le général **Ponsonby**. Cinq portraits in-4 et in-fol., gravés par Bartolozzi, Turner et autres artistes.

Très belles épreuves.

1287. **François Ier**, empereur d'Autriche, en pied. Gravé par L. Rados, en 1812, d'après Zabuernix. Très grand in-fol.

Très belle épreuve.

1287 *bis*. **Charles-Louis**, archiduc d'Autriche, en pied. Gravé par Schiavonetti, d'après Kellerhoven. Très grand in-fol.

Très belle épreuve. Sans marge.

1288. **Charles-Louis** (L'archiduc), général en chef de l'armée autrichienne. Neuf portraits in-4 et in-fol., gravés, la plupart, à Vienne, par Pichler, Weiss et Benedetti.

Très belles épreuves, une est en couleur.

1289. **Metternich-Winneburg** (Le prince), vu à mi-corps et assis. Gravé à la manière noire, par S. Cousin, d'après sir Th. Lawrence. In-fol.

Très belle épreuve avec toute sa marge.

1290. **Schwarzenberg** (Le P^{ce} Ch. de), en buste. Gravé par Potrelle, d'après le baron Gérard. In-fol.

Très belle épreuve avec toute sa marge.

1291. **Wurmser** (Le feld-maréchal comte), gravé à la manière noire par S. Young, d'après Brand. In-fol.

Superbe et très rare épreuve imprimée en couleur. Grande marge.

1292. **François II**, empereur d'Autriche. — L'archiduc **Reynier**. — L'archiduc **Jean**. — Le duc de **Saxe Teschen**. — Le prince **Metternich**. — **Kleinau**. — Le comte **de Bellegarde**. — **Kray**. — **Wurmser**. — **Mélas**. — Le comte **Staremberg**. — Le prince **Schwarzenberg**. — Le comte **de Neipperg**. Dix-huit portraits in-4 et in-fol., gravés par Pfeiffer, Weiss, Rahl et autres artistes.

Très belles épreuves, plusieurs sont avant la lettre.

1292 *bis*. **François II**. — Les archiducs **Charles** et **Jean**. — Cte de **Schwarzemberg**. — P^{ce} **Metternich**. — **F. Guillaume III**. — La reine **Louise**. — **Blucher**. — **Ch.-Auguste** de Bavière. — **Alexandre Ier**. — **Suwarow**. — **Benmesen**. — **Charles IV** et Mme **Louise** d'Espagne. — **Wellington**. — **Nelson**, etc. Cent-vingt portraits in-8 et in-4, de souverains et personnages étrangers.

Très belles épreuves.

1293. **Maximilien-Joseph**, électeur puis roi de Bavière. — **Louis**, prince royal de Bavière. — **Frédéric**, roi de Wurtemberg. — **Guillaume Ier**, roi de Wurtemberg. — Le feld-maréchal comte **de Wrede**. Huit portraits in-4 et in-fol., gravés par Dalbon, Rist et Rauschmayr.

    Très belles épreuves.

1294. **Charles IV**, roi d'Espagne. — La famille royale d'Espagne vue de profil, en imitation de camées, dans un médaillon in-fol. — **Godoï**, prince de la Paix. — **Jean du Brésil**, régent de Portugal. — **Duc de San Carlos**. — Colonel **J. Sanchez**. — **Mina**. — **Palafox**, à cheval. — Marquis **de la Romania**. — **R. Riégo**. Onze portraits in-4 et in-fol.

    Très belles épreuves, deux sont en couleur.

1295. **Schimmelpenninck** (J.), grand pensionnaire de la République Batave, en pied, gravé à la manière noire, par C. H. Hodges en 1805. Grand in-fol.

    Très belle épreuve.

1296. L'archiduc **Ferdinand III** de Toscane. — **Marie-Caroline**, reine de Naples. — Le cardinal **Ruffo**. — Le général **Jomini**. — Le comte **Pozzo di Borgo**. Onze portraits in-4 et in-fol., gravés par Boutelou, Lapi, Roger et autres artistes.

    Très belles épreuves.

1297. Le général **Ferdinand**, baron **de Gérambo**, gravé par Schiavonetti, d'après Hue Villiers. In-fol.

    Superbe et très rare épreuve imprimée en couleur. Grande marge.

1297 *bis*. Cardinal **Fesch**. — Comte **de Ségur**. — Maréchal **Marmont**. Trois portraits in-fol., en pied ; tirés du Sacre de Napoléon.

    Très belles épreuves avant et avec la lettre.

1298. **Gonsalvi** (Le cardinal), vu à mi-corps. Gravé par P.-C. Leaus, d'après sir Th. Lawrence. In-fol.

    Très belle épreuve avec marge.

1299. **Frédéric-Guillaume III**, roi de Prusse. Gravé à la manière noire. In-f°.

    Superbe et rare épreuve avant toutes lettres. Grande marge.

1300. **Frédéric-Guillaume III**. — La reine **Louise**. — **Frédéric-Christian**, prince de Prusse, en pied. — Duc **de Brunswick**. — Prince **Blucher**. — Von **Bulow**. — **Hardenberg**. — Baron **de Humboldt**. — Le général **Gneisenau**. Treize portraits in-4 et in-fol., gravés par Haas, Vendramini, Bock et autres artistes.

    Très belles épreuves.

1301. **Blucher** (Le feld-maréchal), à cheval, tenant son épée à la main. Grande estampe in-fol., gravée à la manière noire.

> Superbe épreuve avant toutes lettres. Très rare.

1302. **Hohenlohe** (Le prince de). Gravé par Schvoyer In-fol.

> Très belle et rare épreuve imprimée en couleur. Marge.

1303. **Frédéric VI**, roi de Danemark. — **Gustave IV**, roi de Suède. — S. A. R. **Charles-Jean**, prince royal de Suède (Bernadotte). — La reine de Suède, née **Clary**. Huit portraits in-4 et in-fol., gravés par Clémens, Dickinson et autres artistes.

> Très belles épreuves.

1303 bis. **Paul Ier**, empereur de toutes les Russies. Deux portraits in-fol., dessinés et gravés par Cardelli et Schiavonetti.

> Très belles épreuves. Rares.

1304. **Paul Ier**, empereur de Russie. — **Marie Feodorowna**, impératrice de Russie. Deux portraits in-fol., faisant pendants, gravés par Klauber.

> Très belles épreuves avec de grandes marges.

1305. **Alexandre Ier**, en pied, gravé et dessiné par Debucourt, 1807. —

> Très belle épreuve imprimée en couleur.

1306. **Alexandre Ier**, empereur de Russie. — **Élisabeth Alexiowna**, impératrice de Russie. — Le grand-duc **Constantin**, en pied. — La grande-duchesse **Catherine Paulowna**. Dix portraits in-4 et in-fol., gravés par Vendramini, Tardieu et autres artistes.

> Très belles épreuves, deux sont en couleur.

1307. **Frédéric-Guillaume III**, roi de Prusse, La reine **Louise**, L'empereur **Alexandre Ier**, Le grand-duc **Constantin**. Quatre médaillons réunis sur une même feuille; dans la marge, au-dessus des armes royales et impériales, deux mains entrelacées. Pièce in-fol., gravée à la manière du lavis.

> Très belle épreuve avant toutes lettres. Excessivement rare.

1308. **Alexandre Ier**, empereur de Russie, deux portraits. — **Souwarof**. — **Kamensky**. — Comte **Orloff-Denisoff**. Cinq portraits in-4 et in-fol.

> Très belles épreuves avec de très grandes marges.

1309. **Kourakin** (A., prince), en pied. Gravé à la manière noire, à Vienne, en 1809, par V. G. Kininger, d'après J. B. Lampi. Grand in-fol.

> Superbe et rare épreuve avant la dédicace.

1309 *bis*. Le prince **Koutousoff-Smolensky**. — Le prince de Galitzin. — Le prince **A. B. Kourakin**. Cinq portraits in-fol., gravés par Godby, H. Dawe et Klauber.

Très belles épreuves.

1310. Le feld-maréchal **Suvarrow**. — Comte **Litta**. — **Kleist**. — **Rotopsin**, gouverneur de Moscou. — Comte **V. Benningsen**. — **Platoff**, hetman des Cosaques du Don. Neuf portraits in-fol., gravés par Klauber, Bell et autres artistes.

Très belles épreuves.

1311. Wittgenstein, général de cavalerie. — Baron de Saken. — Prince **Bagration**. — **Koutousoff**. — **Tschernicheff**, général major. — Comte **Langeron**. — **Rotopsin**. Neuf portraits in-4 et in-fol., gravés, la plupart, par Klauber et Vendramini.

Très belles épreuves.

1312. Le Sultan **Sélim III**, gravé par Ruotte, d'après Grégorius. In-fol.

Très belle épreuve imprimée en couleur.

1313. Vue de la maison de la nourrice de Napoléon Bonaparte à Ajaccio, lithographie de G. Engelmann.

Rare.

1314. Passage du Grand Saint-Bernard par l'armée française de réserve. — Passage du Pô. — Bataille de Lodi. Trois grandes pièces en largeur, d'après Gautier et Bacler Dalbe.

Belles épreuves.

1314 *bis*. Entrée des Français dans Turin, le 17 frimaire an VII. Gravé par Le Beau, d'après Naudet.

Très belle épreuve.

1315. La Revue du Premier Consul aux Tuileries. Grande estampe en largeur, gravée par Pauquet, d'après Isabey et C. Vernet.

Très rare épreuve à l'état d'eau-forte, les premiers plans très avancés ; dans la marge, écrits à la mine de plomb, les noms de tous les personnages.

1316. Le pape **Pie VII**, en buste et assis, d'après David. In-fol.

Superbe épreuve avant toutes lettres. Toute marge.

1317. Le Premier Consul signant le Concordat. Grande pièce en largeur, très bien gravée, d'après Gérard.

Superbe et rare épreuve avant toutes lettres.

1318. Le cardinal **Consalvi**, recevant du Pape **Pie VII** la bulle de rectification du Concordat. Gravé à la manière noire par Lefèvre Marchand, d'après Wicar. Grand in-fol.

Superbe épreuve avant la lettre. Grande marge.

1319. Pie VII refusant la cocarde que lui donne le général Cervoni. — **Pie VII.** — Arrestation de **Pie VII.** — Le cardinal **Conzalvi.** — Mgr **de la Tour du Pin Montauban**, archevêque d'Auch. Six pièces in-4 et in-fol., gravées par Bouquet, Bourgeois et Lewis.

Très belles épreuves, la dernière pièce est imprimée en couleur.

1320. Le cortège impérial passant devant le Palais-Royal, le jour du couronnement. Très intéressante et curieuse pièce gravée à l'eau-forte.

Très belle épreuve coloriée.

1321. Fête du Sacre et couronnement de Leurs Majestés Impériales : vue de la place de la Concorde, ornée de quatre salles de danse.... et l'ascension des 5 ballons qui s'élevèrent majestueusement à une certaine hauteur, où ils détonèrent. Pièce intéressante, gravée par Marchand, d'après Le Cœur.

Très belle et rare épreuve en couleur. Grande marge.

1322. Entrevue de l'empereur Alexandre Ier, du roi Frédéric-Guillaume et de la reine Louise à Memel, le 10 juin 1802. Gravé par Bolt, à Berlin, en 1805, d'après Dahling.

Très belle épreuve. Rare.

1322 bis. Alexandre Ier et le roi de Prusse, se jurant alliance sur le tombeau de Frédéric le Grand, en présence de la reine Louise. Gravé par Méno Haas, à Berlin, en 1806, d'après Dahling. In-fol.

Très belle épreuve. Rare.

1323. La colonne de Rosbach (l'Empereur ordonnant que la colonne soit transportée à Paris, 18 octobre 1806). Gravé par L.-J. Allais, d'après le croquis de Debret.

Très belle épreuve imprimée en couleur. Rare.

1324. Entrée de S. M. l'Empereur à Berlin. Gravé par L.-J. Allais, d'après le croquis de Debret.

Très belle épreuve.

1325. Clémence de Sa Majesté l'Empereur et Roi : Mme de Hatzfeld, suppliant l'Empereur en faveur de son mari. Gravé par Allais, d'après Lafitte.

Très belle épreuve. Rare.

1326. Entrevue des deux Empereurs (sur le Niemen, 25 juin 1807). Gravé par L.-J. Allais, d'après le croquis de Debret.

Très belle épreuve imprimée en couleur. Rare.

1327. Entrevue de L. L. M. M. l'Empereur des Français et l'Empereur de Russie sur le Niemen, le 25 juin 1807. Très grande pièce en largeur, des plus intéressantes, gravée par Debucourt, d'après H. Vernet.

Très belle épreuve en couleur. Très rare.

1328. Vue de l'intérieur de la chapelle où s'est célébré le mariage de
L. L. M^tes M^tos I^les et R^les le 2 avril 1810, esquisse faite d'après
nature. — Acte de renonciation. — Banquet solennel donné
dans la grande salle du Palais (à Vienne). Fêtes données à
Leurs Majestés Impériales et Royales par la ville de Strasbourg. Neuf pièces.

    Très belles épreuves, quelques-unes sont en couleur.

1329. Passage du pont de Lodi. — Entrée des Français à Milan. — Bataille d'Austerlitz. — Camp de Boulogne, etc. Dix-huit pièces
gravées d'après C. Vernet et Duplessis-Bertaux.

    Très belles épreuves, quelques-unes sont avant la lettre et à l'état
d'eau-forte.

1329 *bis*. Bataille de Hanau, 29 octobre 1813. Gravé par Gavermann,
d'après Kobell; publié à Vienne chez Artaria.

    Très belle épreuve en couleur.

1330. Bivouac des Cosaques aux Champs-Élysées, à Paris, le 13 mars
1814. Gravé par Jazet, d'après Sauwerwed.

    Très belle épreuve avec les premiers plans imprimés en bistre et
le ciel en bleu.

1331. Le maréchal Moncey à la barrière de Clichy, gravé par Bovinet,
d'après H. Vernet.

    Très belle épreuve avant la lettre.

1332. Georges **Cadoudal**. — Le duc d'**Enghien**. — Les remparts de
Vincennes, la nuit de l'exécution; lithographie très rare, pu-
bliée chez Martinet. — Mort de **Toussaint-Louverture**.
— Le colonel **Labedoyère**, le maréchal **Ney**, le comte de
Lavalette sur la même feuille. Cinq gravures et litho-
graphies par Frefchi, Richomme et autres artistes.

    Très belles épreuves.

1333. Arrivée de l'Empereur et de l'Impératrice à Notre-Dame. — Entrevue de Napoléon et de François II. — Bombardement de
Madrid. — Champ de Mai, etc. Vingt-quatre pièces, gravées
et lithographiées par Decamps, Géricault et autres artistes.

    Très belles épreuves noires et coloriées.

RESTAURATION ET GOUVERNEMENT DE JUILLET.

1334. **Louis XVIII**, roi de France, en pied; dans le fond, la vue d'une
bataille. Gravé à la manière noire, par J. Ward, et publié à
Londres, le 20 septembre 1795. In-fol.

    Très belle épreuve. Rare.

1335. **Louis XVIII**, roi de France et de Navarre, vu de face, dans un
médaillon ovale. Gravé par Levachez.

    Superbe épreuve imprimée en couleur.

1335 *bis.* *His most Christian majesty Louis 18ter*, en pied. Gravé par J.-C. Hadler, d'après G. Rosemberg. In-4.

Très belle épreuve en couleur, d'une pièce intéressante publiée à Londres.

1336. **Louis XVIII**, en pied, gravé par Debucourt d'après Béra. In-fol.

Très belle épreuve imprimée en couleur.

1337. **Louis XVIII**, buste fort comme nature, gravé par Jazet d'après Vignon. In-fol.

Superbe épreuve avant toutes lettres.

1338. **Louis XVIII**, en pied, assis sur le trône. Gravé par R. U. Massard, en 1819, d'après le tableau de Gérard. Grand in-fol.

Très belle épreuve avec marge.

1339. La famille royale de France : Madame **Louise**. — Madame **Adélaïde**. — Madame **Clotilde**. — Madame **Élisabeth**. — Madame **Victoire**. — Duchesse **d'Angoulême**. Six médaillons ovales, réunis sur une même feuille. Gravure anonyme au pointillé, publiée à Paris, chez Jean.

Superbe et rare épreuve avant toutes lettres. Toute marge.

1340. **Artois** (Ch^les-Ph^pe de France, Monsieur, comte d') en pied, gravé à la manière noire, par Massard, d'après Callet. In-fol.

Très belle épreuve. Rare.

1341. Retour du roi dans sa capitale le 8 juillet 1815, vue prise du B^d des Capucines. — Fête du Roi, soirée des Tuileries du 25 août 1815, vue prise au bas de la terrasse du bord de l'eau. Deux pièces intéressantes pour les costumes.

Très belles épreuves coloriées.

1341 *bis.* Départ de **Louis XVIII**, du château des Tuileries, le 19 mars 1815. Grande composition en largeur, dont tous les personnages sont des portraits, gravée par Debucourt, d'après le chevalier de Basserode.

Superbe épreuve avant toutes lettres, en couleur ; elle a une grande marge et porte le cachet de Debucourt. Excessivement rare.

1342. Débarquement de Son Altesse Royale l'archiduchesse **Caroline-Léopoldine** à Rio-Janeiro, le 5 novembre 1817. Grande pièce en largeur, gravée par Pradier, d'après Debret.

Très belle épreuve.

1343. Le 12 avril 1821 : Le duc **de Bordeaux** recevant la Garde nationale de Paris. Grande pièce, en largeur, lithographiée par Ch. Duchesne en 1822, imprimée par C. Motte.

Très belle épreuve. Rare.

1344. La Mort du duc de Berry. — La naissance du duc de Bordeaux. Deux pièces gravées par Girardet et Lignon, d'après Fragonard.

Très belles épreuves avant toutes lettres sur chine.

1345. S. A. R. Monseigneur le duc **d'Angoulême**, aux Batteries de Santi-Petri, le 28 septembre 1823. Grande lithographie en largeur, par Julien Potier, d'après Picot.

Très belle épreuve sur chine.

1346. **Benjamin Constant. — Chauveau-Lagarde. — Duc Decazes.** — Comte **de Choiseul-Gouffier.** — Comte **Siméon.** — **R. de Sèze.** Neuf portraits in-fol., gravés et lithographiés par Desnoyers, Dien et Toschi.

Très belles épreuves avant et avec la lettre.

1346 bis. **Charles IV**, roi d'Espagne, et sa famille. — Le Prince **de la Paix.** — **Léopold**, grand-duc de Toscane. — **Louis I**er, roi de Bavière. — **Don Pedro de Sousa Hostem.** Cinq portraits in-fol., gravés par Denas, Forster et autres artistes.

Très belles épreuves.

1347. **Dulong de Rosnay** (Le général), en pied. Gravé d'après un dessin de Ingres. In-fol.

Très belle épreuve. Rare.

1348. Le prince **L. de Saxe-Cobourg.** — Sir **R. Th. Wilson.** Deux portraits in-fol., gravés à la manière noire, par H. Dawe et W. Ward.

Très belles épreuves.

1349. **York** (S. A. R^le le duc P.). Gravé par S. Dow, d'après sir Thomas Lawrence. In-fol.

Très belle épreuve avec toute sa marge.

1350. Le Roi **Charles X**, à cheval, à la tête de son état-major. Gravé à la manière noire, par Charon, d'après Ch. Aubry. Grand in-fol.

Très belle épreuve avant toutes lettres.

1351. **Le Roi.** — Le comte **de Saint-Criq.** — Le chancelier **Dambray.** — Le Festin royal. — Cinq pièces in-fol. tirées du Sacre de Charles X.

Très belles épreuves avant la lettre et à l'état d'eau-forte.

1351 bis. La duchesse **de Berry.** — Duchesse **de Tourzel.** — Mme **Récamier.** — Duc **de Montmorency.** — Général **Foy.** — Baron **Pasquier.** — Duc **de Doudeauville,** etc. Quinze portraits in-fol., gravés et lithographiés.

Très belles épreuves.

1352. **Louis-Philippe**, roi des Français, en pied. — Le général comte d'**Anthouard**. — Le général **Gourgaud**. Quatre portraits grand in-fol., gravés et lithographiés.

Très belles épreuves.

1353. **Louis XVIII. — Charles X. — Louis-Philippe.** — Princes et princesses de la famille royale. — Personnages marquants de la Restauration et du règne de Louis-Philippe. Cent cinquante portraits in-8, gravés et lithographiés.

Très belles épreuves avant et avec la lettre.

1354. **Napoléon III**, empereur des Français, à cheval, gravé par A. Martinet, d'après H. Vernet. — **Eugénie**, impératrice des Français, en pied, lithographie par L. Noël, d'après Winterhalter, 1854. — Chasse à Fontainebleau. Trois pièces grand in-fol.

Très belles épreuves.

1355. **Nicolas I**er, empereur de Russie, en pied, lithographie de Maurin, d'après Ch. Robertson. Grand in-fol.

Très belle épreuve colo iée.

1356. Le général **Changarnier**. — Le baron **de Mackau**. — Le maréchal **Magnan**. — Le maréchal **de Mac-Mahon**. — M. **Schneider**, président du Corps législatif. — Le maréchal **Vaillant**. Six grands portraits in-fol., gravés et lithographiés.

Très belles épreuves.

1356 bis. La Prise de *Malakoff*. — Le Congrès de Paris, 30 mars 1856. Trois grandes pièces gravées et lithographiées d'après Yvon, Dubuffe et Alophe.

Très belles épreuves.

PORTRAITS DE PETIT FORMAT

CLASSÉS PAR CATÉGORIES

1357. Collection de soixante portraits in-8, de **Personnages histo-riques du XIV° au XVI° siècle**, gravés par Et. Delaune, G. Isaac, Th. de Leu, L. Gaultier et autres artistes contem-porains :

> Godefroy de Bouillon. — Saint Louis. — S. de Montmorency. — Duguesclin. — Jeanne d'Arc. — Charles VII. — Philippe le Hardi. — Louis XI. — Charles le Téméraire. — François Ier. — Con^{ble} de Bourbon. — Bayard. — Charles-Quint. — Henri II. — Cath. de Médicis. — Marie Stuart. — Charles IX. — Jacq. Clément. — Duc de Mayenne, etc.
>
> Belles épreuves.

1358. Collection de deux cents portraits, in-8, des **Personnages marquants du règne de Louis XIII.**

> Collection des plus intéressantes, offrant une suite ininterrompue de toutes les illustrations du règne de Louis XIII : le Roi, la Reine, la Reine Mère, Princes et Princesses de la Maison royale, ministres, ambassadeurs, hommes d'épée, prélats et théologiens, artistes, littéra-teurs et savants, femmes célèbres, gravés, pour la plupart, par des artistes contemporains : Th. de Leu, L . Gaultier, Rabel, G. Isaac, S. de Passe, Montcornet, etc. Les personnages importants y sont représentés plusieurs fois.
>
> Les épreuves sont belles et en bon état.

1359. Collection de cinquante-quatre portraits in-8 et in-4, dont beaucoup de très rares, de **Femmes célèbres** principale-ment **du XVII° et du XVIII° siècle**, gravés par Boulan-ger, Nanteuil, Trouvain et autres artistes.

> Marie-Thérèse. — P^{sse} de Conty. — D^{sse} de Nemours. — Mlle de Gournay. — Mme d'Hervart, l'amie de La Fontaine. — Mme de Sévigné. — Mme de Grignan. — Ninon de Lenclos. — **Marion De-lorme.** — M. Verry d'Arbouse, abbesse du Val-de-Grâce, etc.
>
> Très belles épreuves.

1360. Collection de cinquante-cinq portraits in-8 et in-4 de **Femmes célèbres du XVIIe siècle** :

> Hte d'Angleterre. — Duchesse d'Orléans. — Dse de Mazarin. — Dsse d'Elbeuf. — Dsse de Lude. — Mlle Paulet. — Mme de Sévigné. — La comtesse de Grignan. — La Voisin, etc.

> Très belles épreuves.

1361. Collection de quarante-huit portraits in-8 et in-4, pour la plupart très rares, d'**Abbesses et de religieuses**, gravés par Audran, Boulanger, Edelinck, Pitau et autres artistes.

> Bte Bucaille. — C.-Mie de Béthune. — Bne de Chantal. — Hte de la Croix. — Ane des Courtiaux. — Mte de Combé. — Chte d'Espernon. — Ane et Mte de Harlay. — Mie de Gautron. — Hte de Lorraine. — Mte Lhuillier. — Gie de Rt de Mortemart. — Mie Pancatelin, etc.

> Très belles épreuves.

1362. Collection de vingt portraits in-8, la plupart très rares, de **Femmes célèbres du XVIIIe et du XIXe siècle** :

> Madame Benoist. — Mse de Custines. — Mlle Favart. — Mlle Lavergne. — Mlle Lescot. — Psse Poniatowska. — Mme de Rémusat. — Csse de Rosemberg. — Mme de Stael. — Cssе de Saint-Priest. — Mme Vanloo. — Mme de la Valette, etc.

> Très belles épreuves.

1362 bis. Collection de deux cent vingt portraits in-8 et in-4, intéressant l'**Histoire d'Angleterre**, depuis le xvie siècle jusqu'à la moitié du xixe.

> Très belles épreuves.

1362 ter. Collection de quatre-vingt-dix portraits in-8, et in-4, de **Souverains et personnages célèbres de l'Empire d'Autriche**, depuis Maximilien II jusqu'à l'empereur Ferdinand Ier.

> Très belles épreuves.

1363. Collection de soixante portraits, in-8 et in-4, de **Personnages allemands et flamands du XVIe et du XVIIe siècle**, gravés, pour la plupart, par des artistes contemporains.

> Christian, roi de Danemark. — La reine Ulrique. — Cte Brederode. — A. Farnese. — G. de Hondt. — J. Frédéric de Wurtemberg. — J. et B. Kilian. — F. de Traytoren. — Cte de Waldstein, etc. —

> Très belles épreuves.

1364. Collection de soixante portraits in-8 et in-4, des **Princes et des princesses de la maison de Lorraine**, depuis le xvie siècle jusqu'à la fin du xviiie, gravés par C. de Passe, Montcornet et autres artistes.

> Belles épreuves.

1365. Collection de soixante portraits in-8 et in-4, de **Souverains,
de souveraines et personnages célèbres prussiens,**
depuis le margrave Albert de Brandebourg jusqu'à nos jours.

Très belles épreuves.

1366. Collection de quarante-cinq portraits, in-8 et in-4, de **Personnages polonais, russes et turcs :**

J. Zamoiski. — Vladislas III. — St. Jablonowski. — F. Auguste.
— Stanislas. — Poniatowski. — Kosciuszko. — Mickiewicz. —
Pierre le Grand. — Catherine II. — Alexandre Ier. — Maria
Pawlowna. — Selim III.

Très belles épreuves.

1367. Collection de cent trente portraits, in-8 et in-4, gravés par cinquante-cinq graveurs français, commençant à Ch. Audran
pour finir à Vermeulen, donnant le spécimen à peu près
complet des graveurs en petit format du xviie siècle.

Très belles épreuves.

1368. Collection de cent portraits in-8 et in-4, dont un grand nombre
de rares, des **Membres de l'Église réformée et de schis-
matiques,** gravés par des artistes contemporains.

Belles épreuves.

1369. Quatre-vingt-dix portraits in-4 de **Cardinaux et évêques
français des XVIIe et XVIIIe siècles,** gravés par des artistes contemporains.

Très belles épreuves.

1370. Collection de cent portraits in-8 et in-4 de **Cardinaux, évêques
et dignitaires ecclésiastiques français, des XVIIe et
XVIIIe siècles,** gravés par des artistes contemporains.

Très belles épreuves.

1370 *bis*. Collection de quatre-vingts portraits in-8 et in-4 d'**Ecclésiastiques, oratoriens et membres d'ordres religieux
français, au XVIIe et au XVIIIe siècle,** gravés par des
artistes contemporains.

Très belles épreuves.

1371. Collection de cent soixante portraits in-8 et in-4, de **Jansé-
nistes, Jésuites, de pièces sur Port-Royal et sur les
miracles du diacre Paris.**

Très belles épreuves.

1372. Collection de vingt portraits in-4, en très belles épreuves, de
Curés de Paris, gravés par des artistes contemporains.

De Besplas. — B. Laugier. — Bruté. — Dubus. — De Tersac. —
Du Hamel. — Fleury. — Huot. — De Rochebouet, etc.

1373. Collection de deux cent quatre-vingts portraits in-8 et in-4
d'**ÉCRIVAINS FRANÇAIS DU XVIIe SIÈCLE.**

> Intéressante collection commençant à Ancillon pour finir à Voiture
> elle présente une galerie à peu près complète de la littérature française
> sous les règnes de Louis XIII et de Louis XIV. Il est peu d'écrivains de
> valeur qui n'y soient représentés, les plus célèbres, plusieurs fois, entre
> autres La Fontaine et Molière, qui comptent chacun dix-huit portraits.
> Les épreuves sont belles et en bonne condition.

1374. Collection de cent soixante portraits in-8 et in-4, dont quelques-
uns de fort rares, des **Hommes illustres de la littéra-
ture française, depuis le XVIe siècle jusqu'à la fin du
XVIIIe,** gravés par R. Boyvin, M. Lasne, Nanteuil, V. Schuppen, Schmidt, Ficquet, Savart, Grateloup et autres artistes.
En un vol. in-4, mar. r. aux armes du duc d'Orléans.

> Les épreuves sont, pour la plupart, très belles.

1375. Collection de soixante portraits in-8 et in-4, beaux ou rares,
de **Littérateurs et artistes du XVIIe siècle.**

> **Balzac,** par Vallet. — **Conrart,** par Cossin. — **Descartes et Pas-
> cal,** par Edelinck. — **Cromoisy,** par Rousselet. — **Perrault,** par
> Baudet. — **De Thou,** par Vouillemont. — **Massillon,** par M. Mas-
> son. — **Racine,** par Daullé, etc.
> Et parmi les artistes : **Poussin,** par Pesne. — **Rubens,** par Pon-
> tius et Hollar. — **Callot,** par Vorsterman. — **Danglebert,** par Ver-
> meulen. — **Joseph Dominique (arlequin),** par Habert. — **Poilly.** —
> **Lully.** — **Edelinck.** — **Jodelet et Guillot, Gorju,** par Falk, etc.

1376. Collection de soixante-quinze portraits in-8 et in-4, de **Littérateurs français du XVIIe et du XVIIIe siècles,** gravés
presque tous par des artistes contemporains.

> **A. Arnauld.** — **Balzac.** — **Bayle.** — **Boileau.** — **P. et T. Corneille.**
> — **Mme du Chatelet.** — **Descartes.** — **Fénelon.** — **Fontenelle.** —
> **Fléchier.** — **Huet.** — **La Bruyère.** — **La Fontaine.** — **Mabillon.** —
> **Molière.** — **Pascal.** — **Racine,** etc.

1377. Collection de deux cent quatre-vingts portraits environ in-8 et
in-4, d'**ÉCRIVAINS FRANÇAIS DU XVIIIe SIÈCLE.**

> Collection des plus intéressantes des personnages qui pendant le
> XVIIIe siècle et les premières années du XIXe se sont fait un nom par
> leurs écrits, lettres, sciences, philosophie.
> Les portraits sont beaux, pour la plupart, et gravés à l'époque où
> vivaient les personnages, quelques-uns seulement sont lithographiés
> d'après des originaux peu connus et fort rares.

1378. Précieuse collection de cent dix-huit portraits in-8 et in-4, tous
en très belles épreuves, de **LITTÉRATEURS ET
ARTISTES DU XVIIIe SIÈCLE.**

> **Voltaire,** par Gautier Dagoty. — **Rousseau,** en couleur d'après
> Queverdo. — **Abbé Prevost** en épr. avant la lettre. — **Beaumar-
> chais,** par Saint-Aubin. — **Mme du Deffant et Mme Geoffrin,** par Mi-
> ger. — **Mlle Raucour,** par Le Beau. — **Mme Favart,** par Bruneau,
> (très rare). — **Rosalba Carrera,** par Wagner. — **Mme V. Le Brun,**

par Folo. — Liotard, par lui-même. — Choffard, pour les Contes, épr. avant le texte. — Freudeberg, très rare. — M^te Lecomte et Wattelet, par Lempereur, épreuves avant les numéros. — Watteau, par Boucher. — Pilatre du Rozier, par Legrand, etc., etc.

1379. Collection de cinquante portraits in-8, d'**Artistes et littérateurs du XVIIIᵉ siècle** par les meilleurs graveurs.

> V. Antoine. — L'abbé Crozat. — C. Bertinazzi. — J. Courayer. — Dessailler. — De Jarente. — P. Le Bas. — Lecat. — Lessing. — La Fontaine. — Le Sage. — Marivaux. — Rameau. — Sedaine. — Dupont de Veyle. — Rousseau. — Voltaire, etc.

> Très belles épreuves, quelques-unes sont avant la lettre.

1380. Collection de cent vingt portraits in-8 et in-4, de **Littérateurs français du XIXᵉ siècle**, gravés ou lithographiés.

> Collection intéressante de portraits choisis, en épreuves, avant la lettre et rares pour la plupart.

1380 *bis*. Collection de deux cent quinze portraits in-8 et in-4 de portraits de **Savants français et étrangers**, la plupart du **XVIIIᵉ et du XIXᵉ siècle**.

1381. Collection de cent quatre-vingts portraits environ, in-8 et in-4, des plus célèbres **Poètes et littérateurs anglais, allemands et italiens**, connus depuis le XVᵉ siècle jusqu'à nos jours.

> Belles épreuves.

1382. Collection de trente portraits in-4, en très belles épreuves, de **Poètes, littérateurs et artistes allemands et italiens**.

> Belles épreuves.

1383. Collection de deux cent quatre-vingt-dix portraits environ, in-8 et in-fol., de **PEINTRES, SCULPTEURS ET GRAVEURS FRANÇAIS ET ÉTRANGERS**, gravés et lithographiés.

> Très intéressante collection, présentant une galerie à peu près complète de tous les artistes qui se sont fait un nom depuis le xviᵉ siècle jusqu'à nos jours; les épreuves sont belles, quelques-unes sont fort rares.

1384. Cent cinquante portraits environ, in-4 et in-fol., de **Peintres, sculpteurs et graveurs** anciens et modernes, gravés et lithographiés.

> Très belles épreuves.

1385. Collection d'environ sept cents portraits, in-8, in-4 et in-fol., gravés et lithographiés de **MUSICIENS FRANÇAIS ET ÉTRANGERS**.

> Cette précieuse collection, qui commence au xviᵉ siècle pour ne finir qu'à nos jours et qu'il serait bien difficile de réunir maintenant, présente une suite non interrompue des artistes qui se sont fait un nom comme

compositeurs de musique religieuse, de musique dramatique et de musique instrumentale, de tous les instrumentistes et pianistes célèbres autant par leur talent d'exécution que par leurs compositions musicales, des musiciens, littérateurs ou érudits, et enfin des chanteurs et des cantatrices les plus célèbres.

Tous ces portraits sont en général fort beaux d'épreuves, en bonne condition, et la plupart, surtout parmi les anciens, sont fort rares.

1386. Collection de cent soixante portraits, in-8 et in-4, de **MÉDECINS, DE CHIRURGIENS FRANÇAIS ET ÉTRANGERS** depuis le xvie siècle jusqu'à la fin du xviiie.

Très intéressante collection de portraits pour la plupart fort rares.

PIÈCES DIVERSES

ARMOIRIES. — EX-LIBRIS.

1387. *Ex libris :* **Desligneris. — De Luynes. — De Chevilly. —
J.-M. Terray. —** Marquise de Pons. — **Thierry de Ville
d'Avray**, etc. Douze pièces rares.

  Belles épreuves.

1388. *Ex libris :* **Balsa de Firmy. — S. de Bospin. — Caffarelli.
— Cellier. — M^ce Paule de Dompierre. — R. Frizon
de Blamont. — D'Haudricourt. — Le Tellier de Courtanvaux. — De Pastoret. — Du Perreux. — Saulot**, etc.
Quatorze pièces.

  Belles épreuves.

1389. *Armoiries :* **Bossuet. — J. de Beauvau. — Bignon.** — Duc
de Chevreuse. — Marquis **de Sablé.** — Comte de Sere.
— Baron **de Saultour. — De Saint-Mauris.** — Baron de
Ruffé. — Le comte de Tonnerre, etc. Vingt-six pièces.

  Belles épreuves.

BALTARD.

1390. Première Exposition de l'industrie dans la cour du Louvre, en
l'an VII. Pièce intéressante gravée à la manière du lavis.

  Très belle épreuve avant la lettre, imprimée en bistre.

BAUDOUIN (D'après P.-A.).

1390 *bis.* Le Lever, par Massard (24).

  Belle épreuve.

1391. Le Léger vêtement, par Chevillet (28).

  Très belle épreuve.

1392. Le Danger du tête-à-tête, par Simonet (E. B. 18).

  Très belle épreuve. Remargée.

BOILLY (D'après L.-L.).

1393. Réunion d'artistes, vingt-cinq portraits sur la même feuille,
par A. Clément.

Belle épreuve.

BOSSE (A.).

1394. Le Courtisan reformé suivant le dernier édit. Deux pièces.

Très belles épreuves, l'une d'elle est remargée.

BOUCHER (D'après F.).

1395. La Muse Erato. — Pensent-ils aux raisins? Deux pièces gravées
par Daullé et Le Bas.

Très belles épreuves avec de grandes marges.

BOUTATS (G.).

1396. Représentation de la solennelle abjuration faite par M. de Moli-
nos, prêtre séculier, dans l'église de Sainte-Marie-la-Minerve,
à Rome, mercredi 3 de septembre de l'an 1687. Dessiné à
Rome, par Arnauld de Westerhout.

Très belle épreuve accompagnée de son texte explicatif. Rare.

BRY (Th. de).

1397. Le Triomphe du Christ, frise en largeur (B 13).

Très belle épreuve.

CALLOT (J.).

1398. La Tentation de Saint-Antoine (M. 575).

Très belle épreuve.

1398 bis. Les Deux grandes vues de Paris (713-714).

Très belles épreuves du 2ᵉ état : avant que les marges du bas aient
été réduites et avant l'adresse de Silvestre sur la pièce représentant le
Louvre.

CARICATURES.

1399. Montgolfière lancée à Tivoli le 15 thermidor. — Les Amateurs.
Le Pont d'amour. — Le Baiser à la Capucine. — L'Après-
dîner des Anglaises, etc. Vingt-six pièces datant du commencement de ce siècle, tirées, la plupart, des suites du Bon
genre et du Suprême bon ton.

Épreuves coloriées.

1400. Caricatures politiques sur Napoléon, la Restauration et le gouvernement de Juillet. Soixante-cinq pièces, dont bon nombre de fort rares, gravées et lithographiées par Daumier, Grandville et autres artistes.

Epreuves coloriées.

CARMONTELLE et CHODOWIECKI (Par et d'après).

1401. Portrait de **Calas**. — La Malheureuse famille **Calas**. — Les adieux de **Calas** à sa famille. Trois pièces.

Très belles épreuves.

CHAILLOU (A Paris, chez).

1402. L'Instant passé.

Très belle épreuve d'une jolie pièce à costumes. En couleur.

CHARLET (N.-N.).

1403. Napoléon à Iéna. Pièce ne portant aucun nom, imprimée chez Villain (De la C. 10).

Très belle épreuve tirée sur papier teinté.

1404. Déroute de Cosaques. — La Bienvenue. — Le Grenadier manchot. — Siège et prise de Berg-op-Zoom. — L'Instruction militaire. — L'Aumône. — Les pénibles adieux. — Premier et second coup de feu, etc. Dix-huit pièces publiées chez Lasteyrie, Delpech, Engelman et Gihaut.

Très belles épreuves.

COCHIN (C.-N.).

1405. Cérémonie du Mariage de Louis, dauphin de France, avec Marie-Thérèse, infante d'Espagne, le 23 février 1745. — Décoration de la salle de spectacle et du bal paré donné par le Roy, le 24 février 1745, à l'occasion du mariage de Louis, dauphin de France, avec Marie-Thérèse, infante d'Espagne. Trois grandes pièces grand in-fol. en hauteur.

Anciennes et très belles épreuves.

COSTUMES ET COIFFURES.

1405 *bis*. Coiffures. — Costumes de Duhamel. — Costumes parisiens. — Jeune élégant se promenant au Palais-Royal, par Guyot. Huit pièces.

Très belles épreuves en couleur.

COYPEL (D'après Ch.).

1406. Titre de la suite d'Estampes des principaux sujets des Comé-
dies de Molière, représentant une salle de théâtre le rideau
baissé, gravé par Joullain.

Très belle épreuve, tachée.

DEBUCOURT (L.-Ph.).

1407. Officiers prussiens. — Artilleurs et Chasseurs anglais. —
Adieux d'un Russe à une Parisienne. Trois pièces gravées
d'après C. Vernet.

Très belles épreuves en couleur.

DESFOSSÉS (D'après).

1408. La Reine annonçant à Mme de Bellegarde des juges et la liberté
de son mari, en mai 1777. Gravé par A. Duclos.

Très belle épreuve d'une pièce dont tous les personnages sont des
portraits.

DUCHÉ (D'après).

1409. Chambre à coucher du cœur de Voltaire, par Née.

Très belle épreuve d'une pièce intéressante par les portraits, très
reconnaissables, des amis du poète qui garnissent les murs.

DYCK (D'après A.).

1410. La plus belle des mères, par Massard.

Très belle épreuve avant toutes lettres.

ÉCOLE FRANÇAISE XVIIIe SIÈCLE.

1411. Fête de Diane. — Le Maître galant. — Jolie Danseuse, etc. —
Neuf pièces d'après Gillot, Desrais et Eisen, etc.

Très belles épreuves.

FOGA.

1112. *The House of Commons, in sir R. R. Walpoles administration.*
Londres, 1803. In-fol.

Très belle épreuve.

GARBIZZA (D'après).

1413. Vue de la gallerie du Palais-Royal, prise du côté de la rue des
Bons-Enfants, par Coqueret.

Très belle épreuve en couleur.

GREUZE (D'après J.-B.).

1413 *bis*. La privation sensible, par J.-B. Simonnet.
Superbe épreuve avant la dédicace. Toute marge.

HARRIET (D'après F.-J.).

1414. Le Thé parisien, suprême bon ton au commencement du XIXe siècle, par Godefroy.
Très belle épreuve tirée en bistre.

HOFFMAN.

1415. Ch.-Ph. de France, comte d'Artois, en colonel général des Suisses et Grisons. — Porte-étendard des Gendarmes de la garde ordinaire du Roi, en grand uniforme. Deux pièces in-4.
Très belles épreuves coloriées; les broderies des costumes rehaussées d'ors.

1416. Costumes du régiment des Gardes-Françaises. Neuf pièces in-4.
Épreuves coloriées avec le plus grand soin, les broderies des costumes et les accessoires rehaussés d'ors.

INCROYABLES (Pièces sur les).

1417. Les Croyables au Perron. — Incroyable à cheval. — La Folie du Jour. Trois pièces gravées en réduction.
Très belles épreuves.

JANINET (F.).

1418. Henri IV à l'Assemblée des notables tenue à Rouen en 1596. Gravé par Duplessis-Bertaux.
Très belle épreuve imprimée en couleur.

LASNE (M.) et FALK.

1418 *bis*. Gandolin. — Le Capitaine Matamore. — La Grosse Nourrice. — Jeune femme cousant. — Gentilhomme debout. — Le Cuisinier. Six pièces intéressantes comme costumes.
Très belles épreuves.

LE CLERC (D'après).

1419. Le Faiseur d'oreilles, et le Raccommodeur de moules, par De Larmessin.
Très belle épreuve.

MARTINI (P.-A.).

1420. Exposition au Salon du Louvre en 1787.
Très belle épreuve.

MŒURS (Scènes de).

1421. Vue intérieure du Bureau d'un prêteur sur gages vers 1600.
Gravé par F. Chauveau.
Très belle épreuve. Rare.

1422. Arts et Métiers vers 1820. Cinquante-deux curieuses scènes
des petits métiers et des cris de Paris, dessinées au lavis
de bistre sur trois feuilles.

MOREAU (Par et d'après J.-M.).

1423. La Bonne Éducation, d'après Greuze (E. B. 174).
Très rare épreuve à l'eau-forte pure et avec un petit griffonnement
à droite, dans la marge inférieure.

1424. Couronnement de Voltaire, sur le Théâtre-Français, le 30 mars
1778, après la sixième repésentation d'Irène. Gravé par
Gaucher (261).
Très belle épreuve avec les armes et la dédicace de Mme la marquise
de Villette. Grande marge.

1425. Exemple d'humanité donné par Mme la Dauphine le 16 octobre
1773. Gravé par Godefroy.
Très belle épreuve.

MOREAU et LE PAON (D'après).

1425 *bis*. Vue de la plaine des Sablons. — Revue de la Maison du
Roi, au Trou d'Enfer. Deux grandes pièces en largeur, gra-
vées par Malbeste et Le Bas.
Très belles épreuves. Remargées.

PREVOST (Par et d'après).

1426. Le Cabaret de Ramponaux. Pièce rare, gravée à l'eau-forte.
Très belle épreuve.

PRUD'HON (D'après P.-P.).

1427. Le Premier Baiser de l'Amour, par Copia (132). — Apothéose
de Racine, par Marais (143). Deux pièces in-8 et in-4.
Très belles épreuves.

RAFFET.

1428. Combat d'Oued-Alleg.
Ancienne et très belle épreuve.

SAINT-AUBIN (D'après G.)

1429. Lettres ornées. Cinq pièces, gravées par Marillier, n°s 5, 7, 8, 10 et 13 de la suite.
Très belles épreuves.

SAINT-AUBIN (Par et d'après A. DE).

1430. A^{drienne}-S^{ophie}, Marquise de... (Mme **de Breteuil.** — L^{ouise}-É^{milie} baronne de (Mme **A. de Saint-Aubin**). Deux portraits, petit in-fol., faisant pendants (E.-B. 7 et 72).
Très belles épreuves. Remargées.

1431. Le Bal paré. — Le Concert. Deux pièces, faisant pendants, gravées par Duclos (402 et 403).
Très belles épreuves, la première pièce est avant l'adresse de Chereau, la seconde est remargée.

SAINT-JEAN (G.-D. DE).

1432. Femme de qualité déshabillée pour le bain.
Curieuse épreuve coloriée et rehaussée d'or.

1432 bis. Femme de qualité consultant son avocat. — Femme de qualitez en robe de chambre, se disposant à jouer. Deux pièces des plus intéressantes, et comme costumes et comme décorations intérieures, publiées à Paris chez Mariette et chez Van der Bruggen.
Très belles épreuves. Très rares.

SCOTIN (G.-J.-B).

1433. Festin donné à Paris par le duc d'Albe en 1707, en l'honneur de la naissance du prince des Asturies, d'après Desmarets.
Très belle épreuve, manque un peu de conservation.

SILVESTRE (Is.).

1434. La descente faite par les Français en la terre ferme de l'Amérique. Pièce in-fol. en largeur (F. 321).
Très belle épreuve, en bon état de conservation, d'une estampe de la plus grande rareté, dont M. Faucheux ne connaissait qu'un seul exemplaire, celui de la collection de M. Bérard.

SWEBACH DESFONTAINES (D'après).

1435. Serment fédératif du 14 juillet 1790, par Le Cœur.

Superbe et rare épreuve, en noir, avec le titre cité plus haut; dans la marge inférieure, les noms des artistes et l'adresse de l'auteur, sans aucune autre lettre. Toute marge.

TROUVAIN (Ant.).

1436. Costumes d'hommes et de femmes de qualité. Dix pièces.

Très belles épreuves.

VERNET (H.).

1437. Enfance de Napoléon. — Bivouac français. — Prise d'une redoute par des grenadiers français. Trois pièces publiées chez Motte et Lasteyrie.

Très belles épreuves.

VIGNETTES.

1438. Le Cabinet de Basan, petite estampe in-4, en forme d'en-tête, gravée par Choffard.

Très belle épreuve.

1438 *bis*. En-tête in-8, gravé par Choffard pour la Notice historique sur l'art de la gravure.

Superbe épreuve avant toutes lettres, tirée hors texte. Toute marge.

1439. Vignettes, en-têtes et fleurons pour l'Histoire de la maison de Bourbon, le Voyage pittoresque de Naples et de Sicile. — Culs-de-lampe et fleurons dessinés d'après Bachelier, etc. Vingt pièces gravées par Choffard.

Très belles épreuves, la plupart en tirage hors texte.

1440. Cinquante vignettes d'après Eisen, pour les Contes de La Fontaine, édition des Fermiers généraux.

Très belles épreuves.

1441. Suite complète de vingt pièces in-4, d'après Fragonard, pour les Contes de La Fontaine, édition en deux volumes de Didot l'aîné.

Très belles épreuves ayant toutes leurs marges.

1442. Quatre-vingt-cinq vignettes d'après Moreau le Jeune, pour les Œuvres de J.-J. Rousseau, les Idylles de Gessner, les Œuvres de Voltaire, la Psyché de La Fontaine et autres ouvrages.

Très belles épreuves avant et avec la lettre.

1443. Soixante-quinze vignettes et titres par Mariller, pour les Contes moraux de Marmontel, les Œuvres de J.-J. Rousseau, les Fables de Dorat, etc.

Très belles épreuves, quelques-unes sont avant la lettre.

1444. Cent trente vignettes par Gravelot, Eisen, Freudenberg et Le Barbier, pour les Œuvres de Crébillon, les Contes de La Fontaine, l'Heptaméron, les Chansons de La Borde et autres ouvrages.

Très belles épreuves.

VUES.

1444 bis. Plan de Paris, par Hogenberg, vers 1600. — Plan de Paris de Dheuland. — Plan de Paris de N. de Fer. Trois pièces.

Très belles épreuves en bonne condition. Rares.

1445. Portrait de la pyramide dressée devant la porte du Pallais à Paris, 1597, A.-D. Weerkpech. *A Paris, chez Jean Le Clerc, 1597.*

Très belle épreuve entourée de sa légende explicative.

1446. Portrait du magnifique bastiment de la maison de ville de Paris, par Cl. Chatillon, grande pièce en trois feuilles dont nous ne possédons que deux; manque la feuille de droite.

Très belle épreuve.

1447. La Perspective du Pont-Neuf de Paris. — Perspective de la ville de Paris, vue du pont des Tuileries. Deux grandes pièces en largeur, gravées par Della Bella et Is. Silvestre.

Belles épreuves.

1448. Vues de Paris et de ses environs, par Is. Silvestre. Cent vingt pièces en un vol. in-4 oblong, mar. rouge avec filets (reliure ancienne).

Très belles épreuves de 1er tirage, quelques mouillures aux derniers feuillets.

1449. Vues de Paris et de la Province. Deux cent cinquante pièces, dont cent cinquante sur Paris, parmi lesquelles un certain nombre de fort rares, gravées par Is. Silvestre, Goyrand, Flamen, Guéroult et autres artistes. Les épreuves sont très belles et sont montées sur vieux papier, en un vol. in-fol. oblong, veau ancien.

1449 bis. Vue des Tuileries, — d'une partie de la ville de Paris, depuis le carrefour Saint-Germain jusqu'à l'hôtel de Conty, — de la ville de Paris du côté de Notre-Dame, — de l'Hôtel de Ville, — de la place des Victoires.

Neuf pièces intéressantes, gravées par Is. Silvestre, Nolin, Chauffournier et autres artistes.

1450. Vue perspective du Pont-Neuf de Paris, prise sur le terre-plain en face de la statue Henri IV. Très jolie composition, très mouvementée par une foule de personnages; dessinée et gravée par R. de Hooghe.

Très belle épreuve. Rare.

1451. Vues du Palais-Royal. Cinq pièces gravées par La Boissière, Aveline et Varin.

Très belles épreuves.

1452. « Vue de la principale entrée de l'Église Nostre-Dame de Paris ». *A Paris, chez B. Montcornet.*

Très belle épreuve. Très rare.

1453. Marche du Roy accompagné de ses gardes passant sur le Pont-Neuf et allant au Palais. Grande pièce, en trois feuilles assemblées, gravée par Huchtenburg, d'après Van-der-Meulen.

Ancienne et très belle épreuve.

1454. Vue générale du Pont-Neuf. — Vue de l'église St-Merry. — Sainte-Geneviève. — Magasin royal des armes à la Bastille. — Le May des Gobelins. — Louis XIV visitant l'Observatoire, etc. Dix-huit pièces.

Très belles épreuves.

1455. Inauguration de la statue de Louis XV, sur la place du même nom. Gravé par Hemery, d'après De Machy.

Très belle épreuve.

1456. Vue de l'Abbaye de Saint-Germain-des-Près. — Vue du Palais-Royal. — Vue de la façade du Louvre du côté de Saint-Germain-l'Auxerrois. — Statue équestre de Louis le bien aimé, érigée le 14 février 1763. Quatre pièces gravées par De La Boissière, Le Charpentier et autres.

Très belles épreuves.

1457. Vue perspective du pont projeté par le sr Perronet pour être construit sur la Seine au droit de la place Louis XV. Gravé par Berthault, d'après Le Sage.

Très belle épreuve.

1458. Vue du pont Saint-Paul, prise au bas du parapet dudit quay. — Vue de la porte St-Bernard, prise au bas de la rive dudit quay. Deux grandes pièces en largeur, gravées par Descourtis.

Très belles épreuves imprimées en couleur.

1458 *bis.* Vue intérieure de Paris, représentant le port St-Paul, prise du quay des Ormes, vis-à-vis l'ancien bureau des coches d'eau. Gravé par Berthault, d'après le chevalier de Lespinasse, 1782.

Très belle épreuve avant la dédicace.

1458 *ter*. Vue intérieure de Paris, prise du milieu du pont Royal, regardant le Pont-Neuf. — Vue intérieure de Paris représentant le port au blé, depuis l'extrémité de l'ancien marché aux veaux jusqu'au pont Notre-Dame. Deux pièces gravées par Berthault, d'après le chevalier de Lespinasse, 1782.

Très belles épreuves.

1459. La place Louis-XVI et la salle d'opéra proposée au Carrousel. — Projet de monument en face de la statue de Henri IV, sur le Pont-Neuf. — Arrivée du Roi au palais de Justice. — Plan perspective de l'École R^le militaire. Quatre pièces gravées d'après Lespinasse et Desmaisons.

Très belles épreuves, une est à l'état d'eau-forte.

1460. La Colonnade du Louvre. — Le Palais Royal. — Prise de la Bastille. — Versailles. — Trianon. Six pièces, dont une double, d'après le chevalier De L'Espinasse.

Très belles épreuves avant la lettre et à l'état d'eau-forte.

1461. Vue de Paris. Soixante-dix pièces gravées par Janinet, les frères Campion, Martinet et autres artistes.

Très belles épreuves, trente sont imprimées en couleur ou coloriées.

1462. Vues de Paris. Cent cinquante pièces gravées par Perelle, J. Marot, Janinet et les frères Campion.

Très belles épreuves, quelques-unes en couleur.

1463. Projet d'un monument pour consacrer la Révolution. — Entrée de l'hôtel de Mme de Thelusson. — Vue du Pont-Neuf. — Vue du Panthéon, etc. Cinq pièces.

Très belles épreuves.

1464. Barrière du faubourg St-Martin, par Debucourt. — Colonne de la grande armée. — Vue du Louvre. — Vues de Paris par Mlle Niel, etc. Neuf pièces.

Très belles épreuves.

1464 *bis*. Vue de Paris, dessinée du clocher de l'église de Chaillot. Très grande pièce en largeur gravée par Milcent.

Très belle épreuve. Rare.

1465. Vues panoramiques de Paris, deux grandes pièces en largeur, publiées à Paris chez Ritner et Goupil, vers 1835.

Très belle épreuves imprimées, les premiers plans en bistre et les fonds en bleu.

1466. « Profil du Mont Valérien autrement dit le Calvaire côme il se voit de *Loncham* ». Deux pièces, dont une excessivement rare gravée par Montcornet le vieux.

Très belles épreuves.

1467. Vues de Saint-Cloud, — de Meudon, — de Conflans, — de Saint-Ouen, — de Vaux-le-Vicomte, — de Fontainebleau. Dix grandes pièces gravées par Is. Silvestre.

Très belles épreuves.

1468. Vue et perspective du château de Vincennes du côté de l'entrée du parc. — Vue et perspective du château de Chantilly du côté de la cour. — Vue et perspective de la maison size à Brunay, du côté du jardin. — Vue du château de Lavardin. — Vue de l'Abbaye royale de Poissy. Cinq grandes pièces gravées par Brissart, Marot, Is. Silvestre et autres.

Très belles épreuves.

1469. Vues de Marly et de Versailles. Neuf grandes pièces en largeur dessinées par Menant et publiées par Demortain.

Très belles épreuves avec toutes leurs marges.

1470. Vue et perspective du château de Gros-Bois. Grande pièce en largeur gravée par Lepicié, en 1735, d'après J.-B. Rigaud.

Très belle épreuve.

1470 bis. Endroits remarquables du Jardin et du Parc de Versailles. — Vues de Marly, Clagny, etc. Trente-trois pièces dessinées et gravées par J. Rigaud.

Anciennes et très belles épreuves avec marges.

1471. Vues de Paris et de ses environs. Trente-huit pièces gravées par Rigaud.

Anciennes et très belles épreuves.

1472. Vue du petit château de Choisy-le-Roy, du côté de la Cour. Grande pièce en largeur dessinée et gravée par Papillon de la Ferté, 1760.

Très belle épreuve avec marge. Rare.

1473. Vue des eaux de Brunoy. Gravé par P.-P. Choffard, 1763, d'après Gravelot.

Très belle épreuve.

1474. Vues de Port-Royal, — de Vincennes, — de Bagatelle, — de Chantilly, — de Sceaux, — de Maisons, etc. Vingt-sept pièces.

Très belles épreuves.

1475. Vues de Paris et de ses environs. Trente-cinq pièces tirées du voyage en France de M. de la Borde.

Très belles épreuves, quelques-unes sont avant la lettre

1476. Vue de la ville de Bordeaux, capitale de la Guyenne et grand port de mer, gravée dans le goût de Chatillon. — Vue générale de Bordeaux, par Mérian. — Vue générale de Bordeaux, par Jollain. Trois grandes pièces anciennes intéressantes.

Très belles épreuves. Très rares.

1476 *bis*. Vue de la ville de Bordeaux et de ses Promenades du côté du Château-Trompette. Grande pièce gravée par P.-P. Choffard, 1754.
> Très belle épreuve. Rare.

1477. Vue de la porte et place Bourgogne, sur le port de la ville de Bordeaux, par Choffard. — Vue perspective de la place R⁰ de Bordeaux. *A Paris, chez Vaneck.* — Vue perspective de la salle de spectacle de Bordeaux, par Voleiani. — Port de Bordeaux, par Ozanne, etc. Sept pièces.
> Très belles épreuves.

1478. Vue du château de Chambord, par Is. Silvestre.
> Très belle et rare épreuve avant la lettre.

1479. L'excellent frontispice de l'église de l'abaye de Sainct-Nicaise de Reims. *N. de son fecit et sculpsit*, 1625.
> Belle épreuve.

1480. Le somptueux et magnificque édifice de l'Hostel de ville de Reims, gravé par Et. Moreau.
> Très belle épreuve. Rare.

1480 *bis*. Vues générales de Rouen. — Vue du grand portail de l'Église cathédrale de Notre-Dame de Rouen. Trois pièces, gravées par M. Mérian et autres.

1481. Vue de la cathédrale de Strasbourg. Deux pièces très intéressantes, dont l'une est gravée par Hollar ?
> Très belles épreuves. Rares.

1482. Vue de la ville de Tours. Grande pièce, en deux feuilles assemblées, gravée par Collignon.
> Superbe épreuve avec une grande marge.

1483. Décoration de l'édifice élevé à la place Royale de Dijon, pièce curieuse, gravée à l'eau-forte par Le Jolivet. — Vues de Blois, de Bourges, de Marseille, du château de Chenonceaux, etc. Huit pièces.
> Très belles épreuves.

1484. Vues de Marseille, de Fréjus et de Barcelone. Trois grandes pièces, en largeur, gravées par Is. Silvestre et N. Perelle.
> Très belles épreuves.

1485. Vue de la cathédrale d'Anvers, par Hollar.
> Très belle épreuve.

1486. Vues de Bruxelles. Trois grandes et très intéressantes pièces, gravées par J. van de Velde et C. de Jode.
> Très belles épreuves. Rares.

1487. Vues et plan de Rome. Cinq grandes pièces, gravées par Is. Silvestre et Jollain.
> Belles épreuves.

1488. Vues intérieures de Saint-Pierre de Rome. Six grandes pièces, gravées d'après Panini.

Très belles épreuves avec toutes leurs marges.

1488 bis. Vues de Vienne. Dix-sept pièces très intéressantes, et comme vues et comme costumes, dessinées à Vienne en 1785 et 1786, par Schutz et Ziegler, et publiées chez Artaria.

Superbes et très rares épreuves coloriées du temps. Grandes marges.

WATTEAU (D'après ANT.).

1489. Frère Blaise Feuillan, gravé à l'eau-forte, par F. Boucher. In-fol.

Superbe épreuve.

1490. La Finette. — L'Indifférent. Deux pièces, faisant pendants, gravées par Audran et Scotin.

Très belles épreuves.

1491. Louis XIV mettant le cordon bleu à Monsieur le duc de Bourgogne, par N. de Larmessin.

Très belle épreuve.

1492. Mezetin. — La Rêveuse. Deux pièces, gravées par Audran et Aveline.

Très belles épreuves.

1493. Watteau peignant et M. de Julienne jouant du violoncelle dans un parc, par Tardieu.

Très belle épreuve avec marge.

1494. Un album en reliure ancienne, contenant 70 feuilles de vieux papier, époque Louis XIV.

1494 bis. Un album en reliure ancienne, contenant cent-vingt feuilles environ de vieux papier, époque Louis XIV.

1495. Six albums in-fol., contenant chacun environ une centaine de feuilles de papier ancien datant du XVIIIe siècle.

1496. J. Rebel, compositeur de musique. — Ant. de la Roque. — Retour de chasse (Mme de Verthamont). — Alliance de la comédie et de la musique. Quatre pièces.

Très belles épreuves.

1497. Quelques lots non catalogués.

Paris. — Typ. Chamerot et Renouard, 19, rue des Saints-Pères. — 30281.

7957 - 50
8288 —
7549 . 50.
12009.
9298
14563

59 6.65

Lutt
39
55
85
96
68
50
39
66
56
52
20
84
70
42
16
41
53 —
80.
80
90